「聆听大师」丛书

听南怀瑾谈国学智慧

王颖／著

时事出版社
·北京·

图书在版编目（CIP）数据

听南怀瑾谈国学智慧 / 王颖著 .—北京：
时事出版社，2016.1（2025.4 重印）

ISBN 978-7-80232-933-1

Ⅰ . ①听…　Ⅱ . ①王…　Ⅲ . ①国学 – 通俗读物
Ⅳ . ① Z126-49

中国版本图书馆 CIP 数据核字（2015）第 306288 号

出版发行：时事出版社
地　　址：北京市海淀区彰化路 138 号西荣阁 B 座 G2 层
邮　　编：100097
发行热线：（010）88869831　88869832
传　　真：（010）88869875
电子邮箱：shishichubanshe@sina.com
印　　刷：河北省三河市天润建兴印务有限公司

开本：787 × 1092　1/16　印张：18　字数：205 千字
2016 年 1 月第 1 版　2025 年 4 月第 4 次印刷
定价：32.00 元

前言

国学是中国人文化精神的源泉和动力，国学智慧体现在悠久博大的文化传统中，汇聚浓缩在古代先贤的经书典籍里，儒家、道家、佛家、兵家、法家、墨家等各家智慧的结晶是我们宝贵的精神财富。

南怀瑾（1918—2012年）是著名的国学大师，也是中国传统文化的积极传播者。他出生于浙江一个书香门第，一生苦心钻研儒、释、道等哲学典籍，又兼通诸子百家、诗词曲赋、天文历法、医学养生等。他曾远赴欧美等地考察讲学，对西方文化有深刻理解，学贯中西，门生弟子遍天下。南怀瑾先生的人生理想是："佛为心，道为骨，儒为表，大度看世界；技在手，能在身，思在脑，从容过生活。"他一生都在践行这一理想，是中国传统文化的忠实代言人，在中国传统文化复兴和经典普及方面功不可没，被人们尊称为"大居士"、"教授"、"宗教家"、"哲学家"、"禅宗大师"和"国学大师"。

南怀瑾先生的代表著述有《论语别裁》《孟子旁通》《易经杂说》《老子他说》《庄子南华》《列子臆说》《药师经的济世观》《定慧初修》《原本大学微言》《圆觉经略说》等。这些作品通俗易懂、博大精深、深入浅出、生动有趣，阅读南怀瑾先生的著作，可说是学习中国传统文化的捷径。在这些著作中，南怀瑾先生不仅重新剖析阐释了传统儒释道的经典文献，同时也从哲学思想中引发出对现代人生的思考，由此探讨现代人的世界观、人生观和哲学观。他所研究讨论的问题，从生死、名利、时势、缘遇、公私，到经济、政治、外交、治国等，洋洋洒洒，极为丰富。文章以浅显通俗的方法讲述国学智慧，往往见解精深，妙趣横生，发人深省，对每个读者都颇有启发。

我们通常认为，一个民族若是失去特色的传统文化，就难以屹立于世界民族之林；一个国家若是失去本国的文化支撑，也难以得到其他国家的敬重。国学是中华民族传统文化的精华所在，深深根植于中华民族发展的文化土壤中，保存在每个中国人的精神和观念当中。南怀瑾先生很早就认识到国学的重要性，其不仅可为中国人的思想行为提供充足的养分，还能引导我们踏入世界的领域，与其他各国、各民族进行文化交流，撞击出绚丽的火花。

本书甄选儒、释、道三大学问的经典话题，并以南怀瑾先生的国学研究著述为主旨核心，如研究儒学的《论语别裁》、《孟子旁通》、《易经杂说》，研究道家的《老子他说》、《庄子南华》、《列子臆说》，研究佛学的《药师经的济世观》、《定慧初修》。本书将这些著作的精要摘取出来，围绕国学经典中的话题，结合当下人们生活的具体案例，对晦涩难懂的国学智慧进行解读。从思想方面，我们力图再现南怀瑾先生的经典阐释；在文字方面，则尽量与他的著述风格保持一致。读者在聆听南怀瑾先生讲解的同时，将为自己的心灵寻找到正确的指引和帮助。

目录

Part 1 / 道不远人，论语参问古今事 ——南怀瑾讲《论语别裁》

Part 2 / 直而不倨，曲而不屈 ——南怀瑾讲《孟子旁通》

Part 3 / 运筹帷幄之间，决胜千里之外 ——南怀瑾讲《易经杂说》

Part 4 / 道，救人救世的药 ——南怀瑾讲《老子他说》

Part 5 / 以“出世”的心言“入世”的道——南怀瑾讲《庄子南华》

Part 6 / 御风而行，讲给平常人听的哲学——南怀瑾讲《列子臆说》

Part 1

道不远人，论语参问古今事

——南怀瑾讲《论语别裁》

了解中国传统文化，必先了解儒家学术思想。要研究儒家思想，必先研究孔孟学术。要讲孔子思想，必先通读《论语》。南怀瑾先生撰成《论语别裁》，对《论语》的原文做了详细而生动的讲述，阐发所涉人文掌故，编为一个个历史故事，蕴意深邃，妙趣横生。正所谓“道不远人，论语参问古今事”，南怀瑾先生从《论语》中提炼出许多人生道理，令人深思，回味无穷。

·1·

谈知识：知识也有善恶之分

任何学问，都有正反两面。知识也是有善恶之分的。我们要去亲近善的知识，远离恶的知识。

——南怀瑾

老子说："有无相生，难易相成，长短相较，高下相倾，音声相和，前后相随，恒也。"意思是说，世界上万事万物都是由正反两面组成的，无一例外。

南怀瑾先生在《论语别裁》中也提出"任何学问，都有正反两面"，并以五经来举例说明。比如：《礼》之教，在于恭俭庄敬也，即所谓的人格的修养、人品的熏陶，这是善的知识。而《礼》之失，在于烦。"礼"确实很重要，但是一旦过分地看重，那么"礼"就变成一种令人厌恶的东西了。同样的道理，假如我们完全按照医学的观点和理论去生活的话，那么两只手就不敢摸面包了；假如我们全听律师的话来行事的话，那么可能连路都不敢走了。所以，过去只有一些大家名门才会有繁缛的礼节教育和讲究，而普通的贫民百姓家中根本没有。社会的管理阶层也不对他们做强制的要求，因为他们知道在小家之中并无必要。

善知识使人变得美好

什么是善知识呢？《大品般若经》中说：能说空、无相、无作、无生、无灭之法及一切种智，而使人欢喜信乐者，称为善知识。即正直而有德行、能教导正道之好人的知识。所以，善的知识能使人变得美好。我们一生所要完成的任务就是利用善的知识完善自己。

一位穷苦的学生为了凑足学费，决定硬着头皮靠乞食度日，以便尽可能节约每一分钱。他敲了一户人家的门，开门的是个小女孩，他一看便没了勇气，心想：自己向这么小的一个女孩要吃的，太难堪了。但是门已经开了，于是他便说自己只是想要一杯水解渴。

小女孩看出他很饥饿，于是拿了几块面包与一杯水给他。他接过来，狼吞虎咽地吃起来。小女孩看到他这种吃法，在一旁笑了。

这名学生很不好意思，吃完后，感激地对小女孩说："谢谢你，我应该给你多少钱？"小女孩满脸开心地笑着说："不用啦，我们家有很多食物。"

很多年过去了，这名学生和小女孩都长大了，学生成了一位技术高超的医生，帮助很多贫苦的人恢复了健康，被很多人赞扬；而女孩患上了罕见的疾病，许多医生都没有办法，几乎已经回天无力了。女孩的家人听说有一位医术很高明的医生，找他治疗或许还有治愈的机会，便千辛万苦地带着女孩来接受治疗。在这位医生的全力医治下，女孩病情好转，并最终恢复了健康。

出院那天，医院把医疗费账单交给女孩。女孩几乎没有勇气打开来看，因为她的病已经耗尽了家里的钱财，她知道这次一定是一个天文数字，自己估计穷极一生都无法还得起。最后，她还是打开了，而里面竟然什么也没有，只有这么一句话："一杯水与几块面包，价值无限，足够偿还所有的医疗费。"女孩眼里含着泪水，原来这位主治医生就是当年那个穷学生。

孔子说："见贤思齐焉。"通过亲近善知识、善友，自己也将品行端正，心存善念。小女孩美丽的心灵感动了当年饥寒交迫的学生，他的内心被这种善良所感化，在后来的人生道路上懂得了用善的知识来帮助更多的人脱离疾病的魔爪。所以善的知识教会我们施予和爱，我们应该亲近善的知识，从而使人生变得更加美好。

恶知识使人变坏

恶知识在佛经中的解释是：为人险恶，居心不良，缺乏道德，教导邪道之坏人。古人有句俗语说："近朱者赤，近墨者黑。"当我们亲近恶知识的时候，我们的心性也会慢慢堕落。

孟子三岁的时候父亲就去世了，留下他们母子俩相依为命。为了给父亲守坟，孟子与母亲把家搬到了坟墓附近。时间久了，孟子就和小朋友们学着哭坟、挖土、埋"死人"和办丧事。孟母看到后摇摇头，心想："不行，我不能让我的孩子住在这种地方。"于是，孟母就把家搬到集市附近。集市上整天吵吵嚷嚷地叫着买卖东西，孟子觉得很有趣，就跟邻居的小孩儿玩杀猪、宰羊、买卖肉的游戏，学猪羊死去的声音和讨价还价。孟母看到后皱起了眉头，心想：“这种环境也不适合我的孩子。”于是，他们又搬到了一所学校的旁边。孟子天天都能听到学生们读书的声音，从此喜欢上了读书，便跟母亲说：“我要去上学。”孟母听后很高兴，心里想“这才是孩子应该走的正路”，就爽快地答应了。

《孔子家语》中说：“与善人居，如入兰芷之室，久而不闻其香，即与之化矣；与不善人居，如入鲍鱼之肆，久而不闻其臭，亦与之化矣。”当你亲近恶的知识多了，那么你就不会觉得那是使你心性堕落的知识了。就如儿时的孟子一般，久居在坏的环境中，根本意识不到玩“埋人”、“杀猪”的游戏会给自己的身心带来什么样的坏影响，如果没有他那智慧的母亲，恐怕中国历史上就少了一位启发民智的思想家！所以我们要懂得及时观察周遭的环境，远离恶的知识，这样才不至于成为堕落平庸之辈。

·2·

谈谋略：小不忍则乱大谋

人要忍耐，凡事要忍耐、包容一点，如果一点小事不能容忍，脾气一来，坏了大事。许多大事失败，常常都由于小地方搞坏的。另外一个意思是，做事要有忍劲，狠得下来，有决断，有时候碰到一件事情，一下子就要决断，坚忍下来，才能成事，否则不当机立断，以后就会很麻烦，姑息养奸，也是小不忍。

——南怀瑾

班固的《汉书》中有这样一句话："水至清则无鱼，人至察则无徒。"班固在当时想要表达的是勉励君子独立特行之意，有些"大行不顾细谨，大礼不辞小让"的感觉。但是，我们现在对这句话已经重新进行了解读，即一个人对别人要宽容，不能太苛责，否则就会失去朋友，被孤立起来。正如南怀瑾先生所讲的，人要有包容之心，这样才能够拥有更多的朋友，成就大事业。

薄责与人，则成大事矣

孔子有言：“薄责与人，则远怨矣。”就是说一个人如果对别人少苛责、多宽容，那么他就能避免别人的怨恨。现实生活中，能做到这一点的人往往能拥有良好的人际关系，而这些人在仕途上也能比别人走得更远一些。

汉宣帝时的丞相邴吉因知大节、识大体而闻名于世。在对待下属时，从不求全责备，表现好的下属，他大力表彰；对有过失的下属，只要是在原则底线之内，他都给予原谅和宽容，尽可能地谅解他们。

有一次，嗜好饮酒的车夫跟着邴吉出行，不料醉酒呕吐在车上。属官看到此景很是愤怒，将此事告诉了邴吉，并强烈要求将车夫赶走。而邴吉却温和地说：“如果因此事而将他赶走，那么他以后的谋生之路必定更加艰难。你且容忍他一下，若他知悔改，便不再惩罚。车上的坐垫换一个就行了。”车夫得知邴吉对他的处置之后，心里很感激，并发誓悔改，在以后的工作之中兢兢业业，不曾有任何差池。

后来，车夫在一次外出时，偶然碰到边郡发送紧急公文的人疾驰赶到。车夫从驿骑那里得知敌人已入侵云中、代郡，便急速回到相府将此消息报告给邴吉。没一会儿，宣帝就召见丞相和御史，告知敌人压境的情况，并询问他们该如何应对。御史大夫仓促之间不知该如何应对，而邴吉却能够深入分析并提出相关对策。宣帝见状，认为邴吉忠于职守，时刻忧虑边事，不像御史大夫那样只知享受安乐，于是给予邴吉大大的奖赏而对御史大夫加以责备。

邴吉感叹说："士没有不能容人之量，人的才能各有所长。如果我当初因小事而赶走了车夫，恐怕今天的我也会像御史大夫那样应对无措，不可能及时地给宣帝出言献策，挽回大局了！

古今成大事者，莫不如邴吉一样，对不违反原则的小事持以忍耐之心，不会像常人一样乱发脾气。正如南怀瑾先生所言："人不能有'察察之明'，若是你不能容忍别人一丁点的缺点，那你的朋友就会越来越少，你的人生之路也会越走越窄。"《汉书·成帝纪》对帝王有这样一句训诫之话："崇宽大，长和睦，凡事恕己，毋行苛刻。"可见，越是成大事、居高位之人，越是需要懂得宽人克己这一原则。至于我们这样的普通人，若想要人生之路越走越宽敞，当然也需遵守这一原则。

忍小而谋大

南怀瑾先生说，"小不忍则乱大谋"的"忍"还应该包含"决断"之意。碰到一件事情时，能够坚韧地做出决断，便可成事。不能够当机立断，反而姑息养奸，也是一种"小不忍"。孔子说"巧言乱德"，所以当他在鲁国当上司寇之时，上台的第一件事就是杀了少正卯。这是为何呢？就是因为孔子认为他言伪而辩，不杀会乱正。一个没有基本道德修养的人的思想言论散布于社会之中，如果将其视为小事，任其发展下去，往往会误了大事。孔子就是明白少正卯的言论会扰乱人们的思想，所以才果断地杀了他。我们为人处事若能像孔子一般有决断力，不姑息养奸，那么就能够做到忍小而谋大。

鸿门宴的故事家喻户晓，有人为刘邦的机智逃脱而啧啧称赞，有人为项羽的犹豫不决而扼腕叹息，而最为项羽失天下叹息的人当属其亚夫范增。作为一个谋臣，范增深知其中的利弊要害之切，多次举玉玦示意项羽除掉刘邦以绝后患，而项羽却迟迟下不了决心，最终让刘邦伺机逃跑，而自己辛苦打下的江山也被刘邦一点点吞噬。项羽站在乌江回首往昔的时候，会不会为自己当初的“小不忍”而叹息呢？一时的姑息、稍许的犹豫让他最终落得如此地步，就算江东父老仍然希冀他称霸天下，帮助他成就霸业，可是他个人又怎么消受得起此番支持呢？于是，历史上又多了一篇悲凉的枭雄之歌。

南怀瑾先生说：“对人的时候，我们要对其忍耐、包容。而处事的时候，我们要做到当机立断，不姑息养奸。”所以，如果我们要想“谋大”，必先学会“忍小”。

·3·

谈志向：非淡泊无以明志

一个人不能迷于绚烂，不要过分了，也就是一般人所谓的不必“锦上添花”，要平淡。即所谓“真名士自风流”，便是保持平凡本色的大英雄。

——南怀瑾

“非淡泊无以明志，非宁静无以致远”出自诸葛亮的《诫子书》，是他在五十八岁时写给八岁儿子诸葛瞻的一句话。淡看名利，淡看世俗，无欲无求，也无所羁绊。正因心中无尘杂，志向才能明晰和坚定，不会被贪念侵蚀，也不会被虚荣蒙蔽。

南怀瑾先生在《论语别裁》中说，淡泊以明志就是一个人由绚烂归于平淡，即孔子所讲的“绘事后素”。一幅画的艺术价值不仅体现于所画的东西，更体现于画家在这幅画上的留白。如果一幅画，整个画面填得满满的，多半没有什么艺术价值。所以南怀瑾先生认为人要注意“素”，即所谓的平淡。他说世界上最了不起的人看起来都很平凡，能做到最平凡的人也是最了不起的。

淡泊之人心中无贪泉

如果一个人品行高洁，心中没有贪婪，那么在他的眼中，万事万物并不因世人的言语而有所改变。

古代有这样一个故事：广州二十里外的石门有一处泉水名为“贪泉”，传说凡是喝了“贪泉”之水的官员都会变得十分贪婪，因此那些经过石门的高官小吏没有一个人敢喝，即使天热口渴难当也竭力忍住，以保证自己的清正廉洁。

后来有一个叫吴隐之的人到广州做官，路过“贪泉”，听人说起有这样一个故事，便十分好奇地想去看看。他来到“贪泉”跟前，见那泉水并无特别，只是普通的山泉而已，于是就蹲下去手捧着泉水尽情畅饮。他的随从见状，大惊失色，赶紧上前阻拦：“大人，这是贪泉，千万不能喝。”吴隐之听罢哈哈大笑，说道：“什么贪泉？贪婪的人不喝也会贪，清廉的人就算喝了也能保持清廉。”

吴隐之上任之后，将所得的俸禄和赏赐仅留部分用作日常所需，其余的全都赈济当地穷苦百姓。吴隐之清廉节俭，率先垂范，不仅让当地的官员们严于律己，不敢贪赃枉法，而且使广州的民风日趋淳朴，百姓也都安居乐业。

德才兼备者以心绪宁静来涵养德性，以生活节俭来提高品德，并不会因一口泉水而变得贪婪，也不因不喝而保有清廉。所以，真正淡泊的人是在内心保持高洁和坚定，并不随世俗风潮而有所改变。

知足者更明己之志

俗语曰，知足常乐，事实上知足者更明己之志。南怀瑾先生说：“弃天下如弊履，薄帝王将相而不为。”意思是说，一个人若做到对什么都没有特别的欲求，就不用担心受到诱惑和挟持，因为他没有任何需要。

惠子在梁国做宰相，庄子去探望这位老朋友，有人告诉惠子：“庄子要来取代您的相位。”惠子心存疑惑，两人见面后，谈及此事，庄子说道：“南方有一只鸟叫凤凰，非梧桐而不栖，非甘泉而不饮。有一次，一只猫头鹰正吃着腐烂的老鼠，见凤凰从头顶飞过，非常愤怒地问：‘你来跟我抢鼠肉的吗？’所以，你的宰相之位，对我来说就像腐烂的老鼠一样。”

心存淡泊的人，看待功名利禄只是过眼云烟。而有的时候，正因为不刻意追寻，反而会得到意想不到的收获。

有一位年轻人去河边钓鱼，旁边一位老人也在钓鱼。两人钓了一整天，老人收获颇丰，年轻人却一条也没钓着。年轻人郁闷地问老人：“我们在同一个地方钓鱼，用了一样的鱼钩和鱼饵，为什么你能钓着很多，我却一条也钓不着？”老人回答：“你钓鱼的时候心浮气躁，一心想得到鱼，经常看鱼有没有上钩，鱼儿都被你吓跑了。我钓鱼的时候心中只有我，没有鱼，不焦躁不着急，鱼儿感知不到我的存在，也就不会被吓跑了。”

老人心怀淡泊，鱼来我不喜，鱼去我不忧，心静如水，没有欲求，反能得鱼。所以，现实生活中的我们也需要有一种放弃欲望的清醒，保有明确的志向，这样才不至于被欲望所牵引。

·4·

谈求学态度：量力而为之，谦虚好学之

求学问的态度，最重要的，是虚心学习，“知之为知之，不知为不知，是知也”。即所谓一个人要平实，懂得就是懂得，不懂就是不懂，这就是最高的智慧。

——南怀瑾

人们很容易犯的一个毛病就是：很多学问，明明不懂，硬是假装自己懂得。有时候，人们时常注重外在的面子，而缺少内在真正的谦虚，总觉得如果让别人知道自己不懂，是很丢面子的一件事情。

南怀瑾先生在《论语别裁》中讲：有此事必有此理，若不懂此理，那是学问不够；有此理必有此事，若没有见过此事，那是经验不够。很多人对自己不懂或没见过的事嗤之以鼻或妄下断语，这是不正确的。“知之为知之，不知为不知”，不能随便将不知道的事说成没有，这是做人做学问应该持有的态度。

量力而为之

一个真正有学问的君子，对一件事情不了解时不会妄下断语。懂就是懂，不懂也不勉强说懂，坦诚地告诉别人自己不懂，这才是所谓君子的风度与修养。

《论语》中有这样一句话：“子入太庙，每事问。或曰：‘孰谓鄹人之子知礼乎？入太庙，每事问’。子闻之，曰：‘是礼也。’”

鄹是孔子出生的地方，在今山东曲阜东南。鄹人之子即指孔子。这一段所讲的是，孔子做鲁国司寇时，参与了代表国家、代表王室的宗庙大典。他进入庙堂后每件事都要问清楚，向人请教，连细枝末节的琐事也都问人。于是有人笑他说，大家吹捧孔子是个了不起的人，说他处处懂礼，可是这个“鄹地佬”进了太庙却什么都不懂，事事向人请教。孔子知道后回应道：“不懂的事情，请教他人，这正是礼啊！”

由此我们知道，所谓谦谦君子，大概说的就是孔子这样的人。一般人总觉得向别人请教就仿佛低人一个层次，有不懂的地方也不想去问。但真正有学问的人往往表现得更加谦卑，诚恳认真的态度会使其知识和修养得到更多提升，从而成为更有学问的人。

孔子知道自己有很多不懂的事情，为了确保典礼顺利进行，他亲力亲为，认真学习了解每一件事情，每一道流程都精益求精，不懂的事情就谦虚请教别人。正如南怀谨先生所说：假如出国到了别人的国度，风俗习惯不同，对人家的事，不懂的也应该多问。到别人家里也是一样，求学问也是一样，做事也是一样，诚恳向人请教，就是礼的精神，也是做人的道理。

谦虚好学之

希腊哲学家捷诺说："人的知识就像一个圆圈，圆圈里面是你已经知道的知识，圆圈外面代表的是你的未知。你会发现圆圈越大的人就会越觉得自己的知识很不足。"我们应该保有一颗谦虚坦诚之心，了解自己知道什么，更要明确自己不知道什么，将自己的姿态放低，才能海纳百川一般，将别人的智慧与知识纳入自己的头脑。

唐代著名的大书法家柳公权，少年时代就能写一手好字，被人夸奖得多了，他不免骄矜自满。有一天，他与几个朋友聚在一起，写下"会写飞凤家，敢在人前夸"几个大字。众人无不夸奖他，正当他扬扬得意时，一个卖豆腐的粗汉正好路过，好奇地端详柳公权的字，看了半晌，皱眉说道："这字写得太无力，就像我的嫩豆腐一样，软绵绵的，没有一点筋骨。"柳公权一听，十分不服气，怒气腾腾地说道："你有本事，也写几个字，让我们见识一下。"

卖豆腐的人呵呵笑道："我只是个卖豆腐的粗人，根本不会写字，可是有人用脚写的字都比你的好得多呢。你如果不信，就到城里去看看吧。"说完便敲着梆子走了。柳公权听了半信半疑，于是匆忙进城，寻找那个用脚写字的人。

果然，在一棵大槐树下，他看见一个失去双臂的黑瘦老人正赤着双脚，坐在地上，左脚压纸，右脚夹笔，挥洒自如地写着对联。老人的笔法十分娴熟流畅，字迹龙飞凤舞，异常洒脱。围观的人赞叹连连，由衷佩服老人。柳公权看了老人写的字，顿觉惭愧万分，于是跪在老人的面前，诚恳地说："柳公权愿拜您为师，请您告诉弟子写字的秘诀。"

老人语重心长地说："我没有双手，一生穷困潦倒，只得靠双脚写字来生活，谈不上有什么秘诀。"柳公权苦苦相求，老人见他态度坚决，于是在地上铺了一张纸，用右脚写下几个字："写尽八缸水，砚染池塘黑。博取百家长，始得龙凤飞。"老人解释道："我用脚写字五十多年了，磨墨练字用完八大缸水，每天写完字就在大池塘里洗砚，连池水都被染黑了。但是天外有天，人外有人，距离真正的高手还差得远呢！"

柳公权听了老人的一席话，顿时恍然大悟。从此以后，他再也不敢骄傲自满，练字更加勤奋，手上磨出厚茧子，衣肘破损厉害，补了一层又一层。他还经常拜访各地的书法名家，向不同的书法家虚心求教，并让陌生人指出自己书法中的缺点。功夫不负有心人，经过多年的苦练，柳公权终于成了流芳百世的著名书法家。

日中之后是西斜，月圆之后必定亏缺，物盛必衰，这是天地之道。人也是如此，如果过于自满就会碰壁跌倒。所以说："君子做人不自大，有功不自傲。"虚己待人是提高自身的基础，而自谦是受人尊敬的阶梯。我们做人应该时刻不忘"谦虚"二字，这样自然高风可仰、心光可掬。

·5·

谈欲望：人到无求品自高

一个人一旦有了欲望就无法再刚强起来，碰到你喜爱的事物，你无法不投降。

——南怀瑾

《论语·公冶长》中写道："子曰：'吾未见刚者。'或对曰：'申枨。'子曰：'枨也欲，焉得刚？'"意思是说，孔子说他没见过刚强的人，有人就告诉他说申枨就是，孔子回答说申枨这个人欲望很多，怎么算是刚强的呢？

然而，欲望是每个人本性中就带有的东西，普通人不可能做到无欲无求，如果人正常的欲望像堵洪水一样压抑住，也许最后会决堤泛滥，造成更大的危害。

因此，南怀瑾先生认为，人的欲望遏制不了，但是我们可以学习掌控它，疏导它，将欲望控制在合理的范围之内，那么我们就能免受其害而得其利。

顺其自然即无求

庄子认为，"安时而处顺，哀乐不能入也"。就是说人们凡事顺其自然，这样就是最好的生存方式。而所谓的无求，也就是做到顺其自然地去生活。这话虽然容易明白，但怎么样才能做到呢?

南怀瑾先生认为，顺其自然就是人应当把握现在，因为现在就是你的人生，就是你所存在的价值。而我们常常会有各种各样无谓的忧虑，担心明天还没发生的事情，渴望未来得到某些东西，这并不是顺其自然。对未来的担心、忧虑、渴望会导致我们现在过得不开心，这就是放大欲望，不懂节制，不爱惜生命。

庄子告诉我们“安时而处顺”，也就是说只看现在的状态，无需后悔前一刻的行为，更不必担忧明日。一天只关心一天的事，思虑过多，便是欲念过多，到头来只是徒增悲伤，并无益处。《圣经》上讲：“不要为生命忧虑吃什么，喝什么，为身体忧虑穿什么。生命不胜于饮食吗?身体不胜于衣裳吗?所以，不要为明天忧虑，因为明天自有明天的忧虑，一天的难处一天担当就够了。”当我们顺其自然，减少不必要的欲望时，心境就处于“无求”的状态。以自然而然的方式接受生活，就能达到“不以物喜，不以已悲”的纯然状态。

古时有这样一个故事：酷暑时节，小和尚看见庙里的草枯黄了，就对师父说：“我们赶紧撒草籽吧，长出新鲜的草才好看!”师父却轻描淡写地说：“等天凉了再撒种，随时吧。”等到了秋天，师父买了一些草籽回来，小和尚出去撒种，草籽却被一阵风吹散了。小和尚慌忙说道：“师父，不好了，草籽被风吹散了。”师父仍然淡定地说：“没关系，吹散的都是空的草籽，撒下去也不能发芽，随性吧。”不一会儿，很多鸟飞来啄食草籽，小和尚又喊：“草籽都被鸟吃光了。”师父说道：“鸟儿吃不完的，随遇吧！”半夜里下了一场大雨，小和尚万分焦急地说：“这下什么都没有了，草籽全被雨水冲走了。”师父说：“草籽冲到哪里，就在哪里发芽，随缘吧！”一个月之后，原本光秃秃的地面长满了嫩芽，没有撒种的地方也长出了绿草，师父叹道：“随喜吧！”

万事万物都有自己的运行规律，我们不用改变也改变不了。不要因为事物没有顺我们的心意而忧虑难过，或者试图去改变。我们要做的就是以平静的心态去理解，去接受，如果我们能够做到这一点，就是以理性控制欲望，达到“无求”的境界，对身心不会造成恶的影响。无求于万物，便是顺其自然于生命，便是享受我们存在的此时此刻。

无求者，品自高也

欲望时刻存在于我们的内心之中，根除它可谓难而又难，但是我们可以掌控欲望，不让它肆意泛滥。南怀瑾先生认为，有本领没脾气是上等人，有本领有脾气是中等人，没本领脾气大是下等人。那些无求的人，通常都是有本领没脾气的上等人。中国古代有一个最长寿的人叫彭祖，商王赠其万金，他用来接济贫困，自己一分也不留。周王向他讨教长寿的秘诀，他说人如果不计较名利得失，不追求物质享受，情绪恬静而达观，就可以长寿。

无求的人不受“慎喜毁誉”所累，始终保有好的精神状态，这样的人必定有高尚的品格。人到无求品自高，高尚的品格不需要刻意彰显，只要能做到无欲无求，自然能有伟大的人格。因此，南怀瑾先生认为，人生有所为，有所不为，能够“不降其志，不辱其身”，有所不求才能有所追求，这才是“无求”的最高境界。这种境界既是一种胸怀，也是一种品格，还是一种心态，更是一种信仰。

和珅二十三岁时成为乾隆仪仗队中的一名侍从，他为人精明圆滑，知道如何利用机会展示自己的才能，并博得皇上的欢心。不久之后，他做了朝廷的大臣，并利用职权疯狂敛财，二十余年，富可敌国！

乾隆去世以后，和珅的靠山也倒了，嘉庆帝立即下令赐死并抄家，和珅死前写下一首悔恨之诗：

五十年来梦幻真，
今朝撒手谢红尘。
他日水泛含龙日，
留取香烟是后身。

临死的那一刻，和珅终于明白，一切财富只不过是欲望的延续，积攒再多的钱财也仅是过眼烟云，到最后什么也剩不下。庄子曰：“贪财而取危，贪权而取竭。”和珅的一生贪财又贪权，不懂得控制欲望，不知道适可而止。他求的太多，最终成了金钱和权力的奴才，为之生，为之死，欲望太多，品格败坏，还落得一个千古骂名。所以，不懂得控制自己的欲望，不明白“无求”的益处，迟早会陷入欲望设下的网罗和深渊。我们虽做不到无求，却也应当时时提醒自己欲求有度。

·6·

谈享受：玩物容易丧志

当一个社会艰难困苦的时候，一个人为了自己的爱好而耗费过多的精力物力的话，并不能说他是明智的。

——南怀瑾

《论语》有云：“臧文仲居蔡，山节藻棁，何如其知也！”当臧文仲给自己喜欢的乌龟盖了一栋华丽奢侈的房子时，一般人都觉得他很智慧。而孔子却觉得这不算智，像臧文仲这么有影响力的人这样做只会传达给社会一种只顾私欲的思想，而将普济社会的志向抛之脑后。正如《尚书·旅獒》中说：“玩人丧德，玩物丧志。”

生于忧患，死于安乐

南怀瑾先生曾经在一次演讲中说道：“你们只晓得开放发展，拼命搞建筑发财，每人都活得很高兴。但是注意孟子有两句话：‘生于忧患，死于安乐。’这就是中国文化。孟子说，国家、个人、社会只有不断地克服困难，才能不断地兴盛健康起来；如果大家放松了，只向钱看，只谈享受，那么结果就可怕了。”

孔子曾在鲁国当司寇，但短短的三个月后就离开了。这是为什么呢？《论语》中有详细记载，说各国看到鲁国用了孔子，都非常担忧，尤其是想要攻打鲁国的齐国。于是齐国送给鲁定公很多漂亮的女乐，孔子坚决主张不能接受，担心这会使鲁定公沉迷。但当权的季桓子却开了先例，接受了齐国送来的女乐。孔子看到这种情形，预知鲁国将要灭亡，便离开了。果然，鲁定公此后沉迷女乐，荒废朝政，终沦为亡国之君，悔之晚矣！

还有一个故事：春秋时期，卫懿公是卫国的第十四代君主，特别喜欢鹤，整天与鹤为伴，如痴如醉，丧失了进取之志，常常不理朝政、不问民情。他还让鹤乘坐高级豪华的马车，比大臣所乘的还要高级。为了养鹤，每年耗费大量钱财，引起大臣不满，百姓怨声载道。公元前659年，北狄部落侵入国境，卫懿公命军队前去抵抗。将士们气愤地说：“既然鹤享有很高的地位和待遇，现在就让它去打仗吧！”懿公没办法，只好亲自带兵出征，与狄人战于荥泽，但军心不齐，结果战败而死。

后人有诗云：“曾闻古训戒禽荒，一鹤谁知便丧邦。荥泽当时遍磷火，可能骑鹤返仙乡？”正如南怀瑾先生所说，安逸享乐的环境会消磨人的意志，使人耽于享乐，不思进取，坐以待毙。

曾经有人做过一个发人深省的实验：把一只青蛙猛地扔进滚烫的油锅中，它能靠本能的反应一跃而出，逃离险境；但将青蛙放进逐渐加热的水里，它却会觉得舒适惬意，没有危险意识，等到危险来临时已然欲跃无力，最终丧身锅底。

因此，过于安乐的境况也许正预示着危险的来临，清醒的忧患意识可以令人不断进取提升，不至于在毫无准备的安逸中走向灭亡。

业精于勤，荒于嬉

古今但凡有所成就之人，大都勤奋好学。王羲之苦练书法直至池水变成墨色，终成书法大家；苏秦锥刺于股内，发愤读书，终成政治名家；孔子生前无一日不读书，终成教育家；而一个人一旦沉迷他物，只顾享受玩乐，那么所拥有的一切都将被荒废。英国国王路易十六就是一个例子，他虽生于帝王之家，却对国家大事兴趣寥寥，反而喜欢摆弄机械，制造一些小玩意儿，终致国家被攻陷，自己被架上断头台，真是令后人为之叹息啊！

唐玄宗初登皇位之时，曾亲自探访民间，了解民间疾苦，深感自己责任重大，国家繁荣之路犹长，于是励精图治，每日批改奏折到深夜，第二天依然按时早朝。兢兢业业十几年，唐玄宗终于达成愿望，有了历史上记载的“开元盛世”的昌盛时期。他看到国家在自己的努力之下终于有条不紊地走上了繁荣的轨道后，心中卸下了许多负担，开始放松起来。他从一月一次的宴饮作乐到一周一次，当发现拥有倾国倾城美貌的杨玉环之后，心中的占有之欲兴起，在使用各种手段得到她之后，更是沉迷于美色而不能自拔。此时的他已经月月不早朝，终日与美人在后宫享乐，而他一手创造的繁荣盛世也被奸臣宦官所掌控，自此之后，民不聊生。唐玄宗终一步步走向灭亡，最终丢了江山也失了美人。

南怀瑾先生曾言，身为一国之君，当他花费在自己个人爱好上面的精力物力多过自己治理国家的正事之时，就不是一个明智的君王了。业精于勤，荒于嬉，唐玄宗的一生就很好地验证了这个道理。

欧阳修在《五代史伶官传序》中说：“忧劳可以兴国，逸豫可以亡身。”所以，我们在享受安逸生活的时候，要时刻提醒自己不要过于沉迷于享乐，要时刻观察所处的环境，提高自己，这样才不会被安乐的生活渐渐消磨掉自己的意志。

·7·
谈领导风范：为政以德，而众星供之

内心有道，表现在外的行为就无懈可击。譬如北辰，有中心的思想，中心的作风，以道德的感化，你在那里本身不要动，只要发号施令，下面的人就像满天无数的星座，都会跟着你的方向动。

——南怀瑾

我们都知道“德”是表示好行为的成果和作用的。古时人云：“德者得也。”南怀瑾先生在《论语别裁》中说：孔子非常推崇尧、舜、禹、汤、文、武、周公，正是因为那时谈到“为政”，讲究“德”字。所以说，一个领导如果以道德来感化下属的话，那么他只要站在那里发号施令，下面的人就会服从于他。

其身正，不令而行

季康子问政于孔子，孔子对曰：“政者，正也。子帅以正，孰敢不正？”这句话的意思是说，季康子问孔子怎么领导国家走上正道，孔子说只要领导人能够做到“正己”，那么下面的风气自然而然就正了。而“德”的目的就在于“正己、正身”，从而达到“正人”。对于孔子的这番言论，南怀瑾先生非常赞同。他认为领导人本身的端正是一个良好社会的开端，所以不用严厉的法令，社会风气自然会随之转化而归于端正。领导人如果本身的修养不够，仅靠下达命令要求别人执行是没有用的。中国有句俗语：上梁不正下梁歪，其实说的就是作为一个领导，如果没有做到“正己”，就更别说“正人”了。

公元前121年，汉武帝组织了第二次对匈奴的大战役——河西战役。李广率四千精兵先行，不料被四万匈奴骑兵团团包围，处在十倍于己的敌阵之中，将士们都有些胆寒。如何稳住军心，激发斗志，战胜敌人呢？李广想，只有趁敌阵未稳，派人冲击，打他个措手不及。但这需要有足够的勇气和武艺，还要有不怕牺牲的精神。派谁去呢？李广决定让儿子李敢去率队冲锋。

李广虽然心中不愿儿子冒险，但是大敌当前，岂能因吝惜儿子而耽误国家大事？李敢不负父命，率领骑兵直插敌阵，以迅雷不及眼耳之势杀入重围，很快平安归来。一归队，李敢就高声大喊：“匈奴骑兵没什么可怕的，很好对付。”士兵们早已被李广派爱子冲锋陷阵的行为深深感动，又看到李敢冲锋杀敌，顺利归队，更是士气大振。

李广趁着士气高昂，率领所有人马与匈奴军队展开殊死搏斗。他坚持了一天的时间，第二天早上，张骞率大军赶到，匈奴见大势已去，匆忙撤退。

在敌众我寡的战斗中，李广以巧妙的指挥和身先士卒的战斗精神赢得了时间，鼓舞了士气，避免了全军覆没，牵制了匈奴兵力，为这场战役的胜利创造了有利条件。

作为将士，需要以身作则，身先士卒，才能在作战中鼓舞士气，从而打赢战争。同样，作为领导，也必须具备这样的精神。领导处在核心位置，自然就成为众人关注和模仿的对象。一个领导者若能做到严格自律、品德高尚，那么这种强大的人格魅力定会让周围的人如众星捧月一般围绕着他，他也就能很轻松地率领员工完成目标了。

宽厚而爱人，人莫不归之

《吕氏春秋》有云："处大官者，不欲小察。"意思是说，官越大的人，越不会计较小事；人的道德修养越高，越懂得宽容待人，那么愿意为他做事的人也就越多。

作为一个领导者，要有一颗宽厚仁爱之心，尽可能地原谅下属的过失，这既是对下属人性的一种把握，也是一个成功的领导者制造向心效应的一种有效方法。

战国时期，楚庄王设酒席大宴群臣，日暮时分，正当酒喝到酣畅之际，灯烛被风吹灭了。这时，有一个人因为垂涎于庄王美姬的美貌，再加上饮酒过多，难以自控，便趁黑暗抓住了美姬的衣袖，想要非礼。美姬一惊，左手奋力挣脱，右手趁势抓住了那人帽子上的系缨，并告诉庄王：“刚才灯烛灭了的时候，有一个人牵拉我的衣袖，我扯断了他头上的系缨，现在还拿着，赶快拿灯来，看看这个断缨的人是谁。”

庄王听了以后说：“赏赐大家喝酒，并让他们喝多了酒而失礼，这是我的过错，怎么能为了显示你的贞节而辱没别人呢？”

于是，庄王命令左右的人说：“今天大家和我一起喝酒，如果不扯断系缨，说明他没有尽欢。”听罢，在座的一百多人都扯断了帽子上的系缨，并且继续热情高昂地饮酒，一直到尽欢而散。

过了几年，楚国与晋国打仗，楚庄王发现有一个臣子常常冲在最前面，作战异常勇猛。在他的带动下，楚军士气高涨，连战连捷，最后打退了晋军，取得了胜利。庄王十分不解，便叫来那人寻问：“我平时对你并没有特别的恩惠，你打仗时为何那样卖力呢？”那人回答说：“我就是那次喝酒被扯断了帽子上系缨的人。”

南怀瑾在与彼得·圣吉谈管理的时候说，要想成为一个伟大的领导者，首先必须注意自身的修养，成为一个真正的人。为什么这么说呢？因为领导者管理的是人，只有自己成为真正的人，对人性的理解才会把握得更全面，才能把别人领导好。楚庄王可以说是一个很了解人性的领导者，他懂得对待下属要宽厚仁慈，能洞察人性的本质，这样的领导，谁不愿意为他效力卖命呢？

·8·

谈教育方法：刺激与诱导“双管齐下”

在教育方面，一定要刺激他，诱导他的求知欲。我们看儿童的教育，有的孩子，对什么都不服气，尤其老一辈的人，往往把自己的经验看得非常重要，希望孩子接受。实际上要使孩子服气，接受上一代的经验，在教育方法上，必先使他能愤、能悱才行。

——南怀瑾

子曰：不愤不启，不悱不发。南怀瑾先生在《论语别裁》中用大白话简单地解释了孔子的这一教育方法，认为在启发学生之前要先使他发愤。“所谓‘愤’，就是激愤的心情。对于不知道的事，非知道不可，也是激愤心理的一种。如有一件事，对学生说，你不行，而他听了这句话，就非行不可，这是刺激他，把他激愤起来。‘启’就是发，在启发之前，先使他发愤，然后再进一步启发他。”所以我们在教育孩子时，应当刺激与诱导兼施，这样才能使孩子的心智得到充分的发展。

智慧是激发出来的

我们看到很多小孩从小就喜欢问大人很多问题，比如“这个是什么？那个为什么是那样的？”等等。小孩对世界的万事万物都抱有强烈的好奇心，他们的知识也如同骨骼一样日益成长。但是，有的孩子却天生顽劣，不听从父母老师的话，不服管教。遇到这种情况，我们就需要先激出他的求知欲望，然后才能进行教育。

相传清代名将年羹尧幼时非常顽劣，他父亲前后为他请了好几个老师，都被他打跑了，后来再没人敢去应聘教他。最后有一位隐士，传说是顾炎武的兄弟，他自愿去年羹尧家应聘任教。年羹尧的父亲甚是感激，先向他说明自己儿子是如何顽劣、如何不开窍，但老师却很平淡地回答道：“没关系。”年羹尧的父亲听到这句话后更是感动不已，便说：“先生能够屈身教爱子，老夫感激涕零，有什么要求您尽管提，我会尽十二分的努力完成！”

老师沉默了一会儿，答道：“只有一个条件，那就是给我一个较大的花园，围墙一定要加高，并且不要设门。”年羹尧的父亲满口答应。年羹尧又开始按照老套路想要将老师打跑，出乎意料的是，他打不过这位老师，每次两人都在花园中打得昏天暗地，而且老师轻功极高，打到最后就跃出围墙，让年羹尧有火发不出来，对他一点儿办法也没有。

老师什么也不教，只在花园中吹笛子，年羹尧听到优美婉转的笛声想要学习，于是与老师和解，并向其请教吹笛。老师用吹笛来慢慢教他养气，逐渐去除他身上的烦躁之气。就这样，年羹尧逐渐变得文武双全，后来成为平藏的名将。年羹尧感激老师的用心良苦，对有真本事并且因材施教的老师非常佩服尊敬，因此作了一副对联贴在家中：“不敬师尊，天诛地灭；误人子弟，男盗女娼。”

上面这个故事就说明了孔子的教学原则，正如南怀瑾先生所讲：“如果想要驯服一个顽劣的孩童，那么必先刺激他的思想，使他发愤，然后有了坚强的求知心，才能启发出他本有的智慧来。”如果这位老师仍像前面几位老师一般，那么年羹尧估计仍然不会被激发出学习的欲望，无法成为栋梁之才，那么后来平藏之时皇帝可能就缺了一只有力的臂膀。

当仁不让于师

学生在学习知识的时候，不能老师说什么就是什么，而不自己思考，对老师教授的知识不假思索地全盘接纳，这样永远也无法“青出于蓝而胜于蓝”。所以，孔子说，学生在学习的时候应该懂得思考老师所教授的知识，并对其存疑。正如韩昌黎所讲：“师不比贤于弟子。”老师不一定就完全是对的。南怀瑾先生也曾讲：“如果学生只一味呆板地服从接受，学问会越来越差的。多怀疑的学生才会去深刻地研究。”

有一次，学生们向苏格拉底请教怎样才能坚持真理，苏格拉底没有直接回答，而是让大家坐下来，拿着一个苹果，从每个学生身边走过，一边走一边说：“同学们先不要说话，请先集中注意力，闻一下空气中是什么味道？”

走了一圈后，他回到讲台上，举起苹果左右晃了晃，问：“哪位同学闻到了苹果的味道？”很快，有一位同学举起了手，激动地大声说：“我闻到了，是地道的苹果香味，很香甜！”

苏格拉底什么也没有说，只是表情依旧地再一次走下讲台，再一次举起苹果从每一个学生的身旁走过，边走边叮嘱：“请同学们再仔细闻一下空气中到底是什么气味？不要急着回答。”过了一会儿，苏格拉底第三次走到学生当中，把苹果拿到每位同学的鼻子下面，让他们嗅一嗅。这一次，除了一名学生，其他人都举起了手，苏格拉底微笑着看向那位学生，问道：“这么大的一个鲜红的苹果在你的鼻子下面，你难道没有闻到它那香甜的味道吗？”苏格拉底的话音刚落，班里其他举手的同学都嘲笑他，还有人讥讽道：“你是不是感冒了啊？哈哈。”那个同学望着周边庞大的反对阵容，不免有些害怕，但他还是慢慢地站起来，回答说：“我没有感冒，我的确没有闻到苹果的味道。”有人甚至开始讥讽道：“你不会连苹果的味道都不知道吧？”苏格拉底用手示意大家安静下来，说道：“孩子，你是对的。这个苹果的确没有香甜的味道，因为它是一个假的苹果。”这个学生脸上绽放出了笑容，而其他人则一片愕然。

孔子曾说：“当仁不让于师。”就是说学生内心要有怀疑、不赞同。苏格拉底在反问中试图引导那个学生选择错误的答案，但那个学生不但没有人云亦云，反而勇敢地说出了自己不同的观点，并没有被苏格拉底的话所套住，保有自己心中的疑惑，坚持自己。所以回归到现实生活中，我们在面对权威、面对老师的时候，要勇敢地去质疑，去表达自己的观点，这样才能让自己的知识得到长足的发展。

·9·

谈生活艺术：子与人歌而善

人生如果没有一点儿文学修养的境界，是很痛苦的。现代的中年人，有许多心情很落寞，原因就是精神修养上有所缺失。

——南怀瑾

《论语》中说："子与人歌而善，必使反之，而后和之。"孔子遇见善于唱歌的人，一定要让他再唱一遍，然后自己照他的歌，依他的音乐曲调，另外再做一首。可见，孔子是很喜欢音乐的，尽管一生落魄失意但也活得逍遥自在。南怀瑾先生曾讲，很多朋友退休后没事做，一天到晚无所适从，其就劝他们从事文学与艺术研究，这样既有事情做，又能提高自己的修养。生活是一种艺术，我们要学会与它相处。这样，生命才不会在漫漫的时间长河中变得毫无生机与活力。

保持内心的和谐

南怀瑾先生说过："现代人到底需要什么？在内心深处你曾经问过自己吗？如果问过，你满意自己的回答吗？现代人面临的最大问题是要克服心灵深处的混乱，追求内心和谐平静的境地。”无独有偶，季羡林曾在自己95岁生日时说过：“有个问题我考虑很久，我们讲和谐，不仅要人与人和谐，人与自然和谐，还要人内心和谐。”可见，一个人保持内心的和谐是多么重要！现代社会的物质享受提高了，但人们的内心却变得焦躁了。人们常常安静不下来，更不会独处，这是因为内心缺乏一种和谐。

明末清初的文学家李渔是浙江兰溪人，在少年之时就有神童之誉。崇祯八年，李渔去参加童子试，一举成为名噪一时的五经童子。但出乎意料的是，李渔在青年科考时连连失利，最终只得了一个秀才。后来，大明朝覆灭，入清后他无意仕途，转而到杭州自谋生路，开始创作小说、戏曲等，他的这些作品极其贴近生活，深受欢迎。正是因为靠辛勤笔耕养家糊口，他才对生活的酸甜苦辣有真切的感受。

后来，李渔写了《闲情偶寄》，这是我国最早的系统的戏曲论著。李渔说他写这本书的目的是为了点缀升平。他所处的时代是一个太平盛世，每个人都有时间、有财力来享受生活，因此有闲情逸致丰富自己的精神生活。李渔虽然不是中国最优秀的作家，但他却是一个真正懂得生活的人。周作人对李渔很是钦佩，他说：“李笠翁当然是一个学者，他是了解生活的，绝不是那些朴学家能够企及的。”

保有内心的和谐，才能体味出生活的艺术，而文学就是那个能让你在纷繁复杂的世界中平静下来的良药。正如南怀瑾所说：“几千年来，垂暮的读书人，一天到晚忙不完，因为学养是无止境的。”能够在繁忙的生活中静下来，与自己的内心和谐相处，品一杯茶，读一本书，这样的人才真正懂得生活。

广博易良，乐教也

孔子曾说："广博易良，乐教也。"意思是说，音乐的要旨是使人具有伟大的胸襟，让人由坏变好，即变得平易而善良。西方著名的思想家柏拉图也曾说过："用音乐陶冶心灵。"可见音乐对于完善人格有独特的作用。我们生活在这灯红酒绿的世界中，要想不被世间物欲所牵引，保持自在的灵魂，音乐是不可或缺的生活伴侣。

有这样一个故事：1949年，法国乡村有一位才华横溢的音乐家，由于环境限制，他的才能得不到施展。迫于生活的需求，他在一所男子寄宿学校找到了一份助理教师的工作，这所学校有一个外号叫"池塘畔底"，因为这里的学生大部分都是犯过罪、难缠的问题儿童。他到任后发现校长以残暴高压的手段管治这些问题少年，体罚在这里司空见惯，性格沉静的他想尝试用自己的方法改善这种状况。闲暇之时他会创作一些合唱曲，而出乎他意料的是这所寄宿学校竟然没有音乐课，于是他就想到用音乐来打开学生们封闭的心灵。

他不辞辛苦地在夜里进行谱曲创作，白天教那些顽皮的学生们唱歌，刚开始有很多学生唱得很是令人头痛，但是他没有放弃，一遍又一遍地耐心教导。学生们在他执着认真的教导下，歌唱得越来越好，而与此同时，他们的性情也逐渐发生了变化，以前忧郁沉闷的学生变得开朗起来，以前调皮捣蛋的学生变得听话起来。最后，他将这些学生组成一个乐团，并成功的地合作出一首歌曲，院长看到此情此景甚是欣慰。他用纯净的音乐打开了孩子们冰冷已久的心，解脱了束缚他们身心的绳索，抚平了他们受伤的心灵。神圣而纯净的音乐不但净化了孩子们的心灵，更对他们今后的人生产生了重大的影响。

正如南怀瑾先生所讲："音乐是人生不可或缺的伴侣。它能够改变你的性情，丰富你的精神世界，让你在这喧嚣的世界中安静、平和下来。"如果那群令人头痛的学生没有接触到音乐，他们的心灵没有感受到音乐的魅力，那么他们可能继续调皮捣蛋下去，这对社会无疑是一种潜在的威胁。

而现在的我们由于社会竞争压力逐渐增大，越来越重视务实的东西，而缺少了精神上的启迪与教育。这种现象持续下去，会影响心智的发展，令人们对情感和精神生活漠不关心。所以，我们要想拥有丰富多彩的人生，要想读懂生活这门艺术，精神修养是必不可少的。

·10·
谈年轻人：后生可畏，勿轻后学

我们学术界经常把孔子描写得非常古板、保守。实际上孔子的思想最先进，孔子说后生可畏，并不是怕他们，而是说值得用心培养，值得重视。他不轻视后一代，更不轻视后来的历史，认为未来的社会不比现在差。

——南怀瑾

“后生可畏”是孔子非常有名的言论，南怀瑾先生也非常赞同，他认为人类的文化永远是年轻人推动的。虽然到现在为止，人类的文化还没有完全成熟，但21世纪的高速发展已经说明，越来越多的新事物都是由年轻人创造出来的，在20世纪人们不敢想象的东西，如今我们都已经拥有了。年轻人主宰了时代文化的走向，推动了新技术、新事物的发展。

南怀瑾先生说：“我的父亲告诉我小时候看电影中那些人生活的地方特别得美好，想着这个世界上真的有如天堂一样的地方吗？而现如今，他常常站在阳台感慨，有生之年见到小时候的天堂，也算了了一大心愿。真是后生可畏啊！”

长江后浪推前浪

荀子在《劝说》中写道：“青，出于蓝，而胜于蓝；冰，水为之，而寒于水。”世界的发展日新月异，年轻人在吸取老一代人知识精华的同时，还在接受着来自新事物的各种信息，因此在某些方面肯定会有所超越。比如，我们在使用电脑、智能手机等高科技产品时，很可能成为爷爷一辈甚至父辈们的老师。正所谓长江后浪推前浪，一代更比一代强！

孔子在游历的时候，碰见三个小孩，有两个正在玩耍，另一个小孩却站在一旁。孔子觉得奇怪，就问站着的小孩为什么不和大家一起玩。小孩很认真地回答：“激烈的打闹能害人的性命，拉拉扯扯的玩耍也会伤人的身体，再退一步说，撕破了衣服也没有什么好处。所以我不愿和他们玩，这有什么可奇怪的呢？”

过了一会儿，小孩用泥土堆成一座城堡，自己坐在里面，好久不出来，也不给准备动身的孔子让路。孔子忍不住又问：“你坐在里面，为什么不避让车子？”“我只听说车子要绕城走，没有听说过城堡还要避车子的！”孩子回答道。孔子非常惊讶，觉得这么小的孩子竟如此会说话，实在是了不起，于是赞叹他说：“你这么小的年纪，懂得的事理真不少呀！”小孩却回答：“我听人说，鱼生下来，三天就会游泳；兔生下来，三天就能在地里跑；马生下来，三天就可跟着母马行走，这些都是自然的事，有什么大小可言呢？”孔子不由得感叹：“好啊，我现在才知道少年人实在了不起呀！”

博览全书，成一家之言的孔子听到这个小孩的答话后也不得不承认他说的很有道理。我们经常说“小孩子能懂什么”，以这种自以为是的绝对判定抹杀了孩子本在成长的智慧，这就是忘记了孔子的训诫。所谓长江后浪推前浪，我们要懂得鼓励孩子表达观点和看法，而不能一味地抹杀他们对事物独特的想法。

世上新人赶旧人

诚然，后人所学习、认知的事物是前人用尽一生得出的果实，后人的认知从一开始就站在了前人的尖端，因此只要努力研究，就一定会赶超前人。牛顿也说：“如果说我所看的比笛卡尔更远一些，那是因为我站在巨人的肩膀上的缘故。”

所谓后生可畏，正是因为年轻人有努力进取的精神，有一种初生牛犊不怕虎的冲劲，这种执着精神势能开创出一些新局面、新状况。因此说，世上新人赶旧人，我们不能自以为是地轻视比我们年少的人，也许有时候他们还会教会我们意想不到的东西。

《三字经》中有这样一句话：“昔仲尼，师项橐。”“仲尼”就是孔子，而“项橐”是燕国的一个少年。有一天，项橐见到孔子时说：“听说孔先生很有学问，特来求教。”孔子笑着说：“请讲。”项橐朝孔子拱拱手问：“什么水没有鱼？什么火没有烟？什么树没有叶？什么花没有枝？”孔子听后说：“你真是问得怪，江河湖海，什么水都有鱼；不管柴草灯烛，什么火都有烟；至于植物，没有叶不能成树，没有枝也难于开花。”项橐一听格格直笑，晃着脑袋说：“不对。井水没有鱼，萤火没有烟，枯树没有叶，雪花没有枝。”孔子叹道：“后生可畏啊！老夫愿拜你为师。”

世人认为孔子已经是一个博学的人，但却没想到他竟然还会拜一个孩子为师。可见，孔子是一个思想非常先进的人，他不拘泥于社会常规，知道学问是无止境的，不自以为是、固步自封。所以，我们在日常生活中也应该向孔子学习。当我们处在领先的位置时，往往会不自觉地看低新入行的人，忘记“世上新人赶旧人”这句警言，对于我们个人的发展而言，这是不好的。我们不能因自己已经做出了成绩而看不起新人，在有些方面也许还得向他们学习，当他们熟悉了工作之后或许会比我们做得更好。持一颗平等的心去看待他人，你便会得到更多意料之外的惊喜。

·11·
谈为政：以孝治天下

“孝”可以治天下。由个人的孝父母，扩而充之爱天下，就是孝的精神。为政的人以孝子之心来为政，同我们所讲公务员是人民公仆的道理一样。

——南怀瑾

唐宋以后有这样一句俗语：“求忠臣必于孝子之门。”南怀瑾先生在

《论语别裁》中解释说："一个人真能爱父母、爱家庭、爱社会，也一定是忠臣，因为忠臣是一种情爱的发挥。"统治者以孝治天下，则知百姓之疾苦，像爱父母那般爱天下人，必定国家昌盛繁荣。

孝是一切仁德的根本

《孝经》中写道："身体发肤，受之父母，不敢毁伤，孝之始也。"父母给我们生命，让我们吃饱穿暖，我们应该爱惜自己的身体，不让父母为我们的健康担忧。一个人如果连辛苦养育自己多年的父母都不知道疼惜爱戴，那么就更别说关爱别人了。不知道体谅关爱别人，一切的仁德便无从谈起，所以孔子说："夫孝，德之本也。"

《二十四孝》里有这样一个故事：三国时期有一个孝子，姓孟，名宗，字恭武，从小父亲就死了，家里十分贫寒，母子俩相依为命。随着孟宗一天天地长大，母亲却逐渐年老，变得体弱多病。孟宗看着面容渐渐憔悴的母亲非常伤心，于是不管母亲想吃什么，他都想方设法满足。一天，病重的母亲想吃竹笋煮羹，而此时正是寒冬腊月，哪里会有竹笋长出来呢？孟宗无可奈何，想不出什么好的办法，于是跑到竹林中发泄心中的无奈，抱着竹子痛哭。哭了半天，他只觉得全身发热，本来刺骨的寒风吹到面庞上也变得温暖。他睁眼一看，四周的冰雪都融化了，草木也由枯转青，再仔细一瞧，周围生出了许多竹笋。他擦干眼泪，向苍天磕了三个头以示感谢，随后把竹笋带回家煮给母亲吃，而母亲的病竟然奇迹般痊愈了！

孟宗在母亲的言行感召下，学习期间品学兼优，尊师爱友，做出了许多感人事迹，这些事迹在学堂广为传颂。一次，襄阳同窗好友冷暖担水时不慎摔伤，卧床养病，孟宗就在课余为冷暖补习功课。而冷暖的母亲也因重病卧床不起，孟宗闻知，假日去冷暖家探视，又解囊相助，请名医诊治，亲自热汤喂药，使冷暖的母亲病愈康复。此事不胫而走，冷暖感激，校友感动，无不对孟宗敬佩有加。

古代有一句话："不孝之人不可交也。"在古人看来，不孝顺父母之人是不可以信赖的。在现代社会这个前提也是正确的，一个人若是对养育自己的父母都没有感恩之心的话，那么更别谈其他人了。而当一个人有孝心、懂感恩的时候，他会听从父母的言教，就像孟宗一样，在母亲的教导下，不仅品学兼优，还乐于助人。这就是在孝的基础上延展出来的仁德品质。

以孝治天下

子夏问孝。子曰："色难。有事，弟子服其劳；有酒食，先生馔，曾是以为孝乎？"意思是说，对待父母和颜悦色才是最难的。帮父母做事，有了佳肴让长辈先吃，难道这样才是孝顺吗？南怀瑾先生很赞同孔子的这种看法，他曾说："现在的人不懂孝，以为只要能够养活爸爸妈妈，有饭给他们吃，像现在一样，每个月寄生活费给他们，就是孝了。还有很多年轻人连生活费都不寄。光是养而没有爱的心情，就不是真的孝。孝不是一种形式，不等于养狗养马一样。"

同样地，以孝治国，也是帝君应遵守的一门艺术，历史上唐太宗、康熙帝、乾隆帝等都是十分有名的孝子，因而也成就了盛世。康熙帝天生就有一副威严之相，他年少登基，有一副皇帝的架子，跟母亲说话也十分严肃。某天他问近臣，为什么感觉大臣当着他的面都不敢说话。近臣就告诉他，因为皇上很威严，对母亲说话也不笑，大臣们被皇上严肃的表情镇住了，也察觉不到皇上的孝心，因此心中紧张害怕，所以讲不出几句话来。康熙帝听完之后，于是改变了严肃的态度，经常陪母亲听戏谈笑，尽心侍奉，见人也常常微笑，慢慢使自己的神态变得和蔼起来。大臣们都认为皇帝是一个真孝子，大有仁爱之心，因而敢于和他谈论天下之事，商量对策，国家便越来越和谐昌盛。

西汉时期的汉文帝刘恒是汉高祖刘邦的第三个儿子，从小就奉行孝道。刘恒被封为代王时，生母薄太后跟随他住在一起。刘恒与母亲感情深厚，尽心侍奉母亲，让她感到快乐和满足。然而薄太后身体虚弱，常患病，连续三年都卧病在床。三年里，汉文帝每日勤理朝政，下朝后便衣不解带地陪伴在薄太后病床前。给太后煎好的汤药，他总要亲自尝过才放心让母亲服用，唯恐药饵失调。那些日子里，汉文帝往往通宵达旦陪伴在母亲身边。三年后，母亲的身体终于康复，他却由于操劳过度累倒了。汉文帝的仁义和孝顺感动了天下人，加上他治国有方，国家一派兴旺景象，与后来的汉景帝一起开创了历史上“文景之治”的繁荣时代。

我们可以看到刘恒是真的孝，并不是在走形式。孔子曾在回应孟武伯这位世家公子的问孝时说，你只要想到当你病的时候父母那种着急的程度，你就懂得孝了。孔子为什么说得这么简单呢？南怀瑾先生在《论语别裁》中这样解释道：“以个人而言的话，所谓的孝就是对父母爱心的回报，你只要记得自己出了事情，父母那么着急，而以同样的心情对待父母，就是孝了。历史有一句话说：‘不知民间之疾苦。’孟武伯是一个世家公子，将来一定会当政的，所以孔子是告诉孟武伯，爱天下人，就要知道天下人的疾苦，如父母了解子女一样，将来从政，记住这个道理，才会将国家治理得繁荣昌盛，自己被国民所赞扬歌颂。”正如西汉时期的刘恒，他以孝治天下，使国泰民安，为汉朝从国家初定走向繁荣昌盛奠定了良好的基础。

Part 2

直而不倨，曲而不屈

——南怀瑾讲《孟子旁通》

《孟子》是儒家的经典之一，也是孟子思想学说的重要典籍。南怀瑾先生讲《孟子》，采用“经史合参”的方法，旁征博引，引入许多生动的励志故事，对孟子立身处世的原则以及其人格和思想都做了深入浅出的阐述。《孟子旁通》以《孟子》原文为“经”，以春秋战国的社会背景为“史”，轻松而又深刻，展示出孟子“直而不倨，曲而不屈”的人生态度。人们由此可以感受到中国传统文化的魅力，从中获取人生的智慧。

·1·
谈孟子其人：特立独行，不愿曲学阿世

在那样现实的时代环境中，孟子始终为人伦正义，为传统文化的道德政治，奔走呼号，绝对不受时代环境的影响，而有丝毫转变。

——南怀瑾

春秋战国时期的游士，根据其游说的动机目的，可大致分为志于功、志于利、志于道和志于义四种类型。南怀瑾先生认为孟子的游说一脉继承和发扬了孔子的“士志于道”的传统。

明知不可为而为之

战乱纷争时期，士志于道，多半是费力不讨好的。孟子见梁惠王，梁惠王问孟子：“不远千里而来，亦将有以利吾国乎？”孟子直言：“王何必曰利？亦有仁义而已矣。”孟子不跟惠王讲利益，而是直接提出“仁义”，不绕弯子，这种态度本身就是一种不问利害的行为。

以当时的状况，梁惠王根本听不进去“仁义”二字，在与齐国一战中，他损失了大将庞涓，太子申被掳，又在秦国之战中牺牲了小儿子，割让河西之地，迁都大梁。在这种困难的情况下，梁惠王广为招贤纳士，希望有识之士帮他想出利国强兵的办法。司马迁在《史记·魏世家》中记述：“惠王数被于军旅，卑礼厚币以招贤者。驺衍、淳于髡、孟轲皆至梁。”

所以，当惠王向孟子请教如何利国时，孟子向惠王指出，一个国君不可以言利，国君如果重利，手下的官员大夫们也都重利，官员重利则平民百姓也如此，全国上下争先恐后谋取利益，这个国家就危险了。作为一个国君，先要讲“仁义”二字，怎能唯利是图呢？

仁义是治国的长远之道，但毕竟缓不救急，惠王对孟子的言论不感兴趣，孟子岂能不知？孟子远游各国，并非那种迂阔不懂现实之人，但也不屑于当时游说之士的纵横捭阖作风。虽然孟子的口才很好，与别人辩论时总会占上风，但他不肯那样做，是“非不能也，不为也”。他只是希望在那个只讲霸术、争权夺利的时代中，找到一个真能实行王道仁政的国君。这种明知不可为而为之的行为，也正是儒者圣人的特立独行之处。如果换作苏秦、张仪等纵横家，肯定不会像孟子那样“不识时务”，更不会忤逆梁惠王，招人反感。

南怀瑾先生认为，人生不可避免地要面对选择，而选择走哪一条道路，就决定了你是什么样的人。孟子在纷争的时代坚持儒家仁义思想，不仅是一种特立独行的态度，更是不可小觑的勇气。

浩然正气，独行其“道”

春秋战国时期，许多人认为公孙衍、张仪这些辩士是英雄大丈夫，因为他们“一怒而诸侯惧，安居而天下熄”。但是孟子却认为，只有“富贵不能淫，贫贱不能移，威武不能屈”的人才是真正的大丈夫，而那些追逐名利、曲意奉承的都是“妾妇之道”。

真正的儒家圣人，“居天下之广居，立天下之正位，行天下之大道；得志，与民由之；不得志，独行其道”，只有这样的人才配得上“大丈夫”之名。所以孟子的浩然正气与那些纵横家的游说之士完全不同，他四处游说诸侯，是为“弘道”，绝不谄言媚上。孟子也曾向弟子明确自己的游说原则：“说大人，则藐之，勿视其巍巍然。”无论去就、穷达，孟子都能以平静之心处之。

南怀瑾先生十分钦佩孟子的浩然正气，能够当面指责梁惠王的过失，毫不掩饰地训斥其“察邻国之政，无如寡人之用心者”是以五十步笑百步。他抨击梁惠王以政杀人，与那些“以梃与刃杀人”的盗贼没有什么区别。面对齐宣王这样的大国君王，孟子仍当面斥责他“恩足以及禽兽，而功不至于百姓”的假仁慈，并质问齐国“四境之内不治”的责任应由谁负。

为了实施“仁政”，孟子带着学生游历各诸侯国，但是他的“仁政”主张显然与当时的时代环境格格不入。在那个只讲霸术、争权夺利的时代，各诸侯国都是先“王”后“圣”，所以孟子的“仁政”难以得到重用。尽管如此，孟子也从未放弃过，几乎耗费一生的精力来宣传仁政学说。他曾说：“有为者辟若掘井，掘井九轫而不及泉，犹为弃井也。”他把有所作为比作挖井，挖了六七丈深，没挖到泉水半途而废，就是一口废井。一生为自己的理想奋斗，独行其道，历经坎坷而不失其志，这是孟子浩然正气的精神，也是南怀瑾先生所要揭示的道理。

·2·

谈自立：两大之间难为小

个人事、国家事、天下事的原则是一样的，只有自强自立，才是唯一的生存之道。

——南怀瑾

生活当中，人们倾向于寻求一个强大的依靠，以此获取安全感，然而我们也要看到，在大树庇护下的小树苗是不可能长成参天大树的。此道理同样适用于人类，一个人要想成才，先得自立。南怀瑾先生认为，只有自立，才能找到最适合自己的出路。

自立，为自己寻找出路

自立对于任何人而言都是非常重要的，一个人只有自立了，才有了发展的可能。古今中外，多少仁人志士皆如此。世界著名的发明家爱迪生从小就有很强的自立意识，十三四岁时，为了建造属于自己的实验室，他常常到车站卖报，还在自家后院里种植蔬菜，收获后拿到市场上去卖，以此筹措资金。他用赚来的钱建造了一间实验室，在这里改变人类发展进程的发明层出不穷。由此可见，自立对一个人的成功是多么重要。

与此相反的是，一个人如果不自立，处处依赖别人，那么成功的可能性将大大降低。球王贝利曾说过："我能成为球王，而我的儿子是不会成为球王的。"乍一听会觉得不可思议，但细想之下他说的话是有道理的。贝利能成为球王，源于他从小养成的自立本领，以及对足球追求的孜孜不倦。而他的儿子却在父亲创造的富足环境中产生了依赖和享乐心理，缺乏自立吃苦的精神，这就决定了球王的儿子也许成不了球王。

贝利认识到了这一点，可是在我们现实生活中，父母庇护子女的现象却屡见不鲜。含辛茹苦的家长们为子女操碎了心，尽心尽力，想尽一切办法为子女减轻负担。可怜天下父母心，本是一腔热心，却使不少孩子养成过度依赖的坏习惯。殊不知我们当代的年轻人，肩负着历史和未来的重任，视子如宝的家长们应该还子女一份自由，让他们自立，为建设祖国打下坚实基础。

南怀瑾先生在《孟子旁通》中提到，滕文公向孟子请教，滕国是一个小国，东边的齐国和南边的楚国都是超级大国，滕国应该向齐国靠拢，还是向楚国示好？孟子回答说，两大之间难为小，你应该加强防御设施，挖深护城河，加厚城墙，全国上下齐心合力，保卫自己的国家，记住要自立自强，宁可亡国，也不向任何一个大国谄媚投降。如果有这样的准备和心志，一定能有所作为。

从国家政治来说，"两大之间难为小"是基本原则，只有自强自立才是出路。做人也是一样，不自强，不自立，不从自身想办法，整日怨天尤人，希望得到别人的同情来为自己解决困难，天下不会有这样的好事的。

正因为如此，南怀瑾先生认为，“个人事、国家事、天下事的原则皆是一样，自强自立，才是唯一的生存之道”。

为国家民族的未来自强不息

什么是自立？有人会说：流自己的汗，吃自己的饭，依靠自己的力量，这就是自立；不伸手向家里要钱，自己料理生活，这也是自立。如果认为这些就是自立的全部内涵，那我们对自立的理解就未免太肤浅、太狭隘了。

究竟什么才是“自立”呢？南怀瑾先生认为，每个人都生活在复杂而充满挑战的社会里，它瞬息万变，竞争异常激烈。在这样的社会环境中，我们都必须有胆识积极参与竞争，从容处理各种人际关系，并且有承受人生逆境的勇气以及蓬勃向上的精神。从这一方面来说，仅仅衣食住行的自立显然是不够的。

年轻人不应只满足于狭隘的生存，还要有更高的人生目标，为这个世界做出一些贡献，从而实现自己的人生价值。对于人类而言，除了生存之外，还要通过劳动和创造实现人生价值。如果只有父母的呵护，只让其他人替我们承受风险与逆境，没有冲杀一番的劲头，没有坚强的意志，碰上困难就会被击倒，哪里还谈得上劳动和创造？哪里还谈得上真正的自立？

如果一个人立志成为对社会有杰出贡献的人，那么自立就更不能只表现在行为上，还应包括勇于坚持己见，不随波逐流。由此可见，自立的本质是一种精神，是为社会创造价值的主观能动性。它不仅包含意志、信心和不屈不饶的心理素质，还包括勇敢独立的行为准则，有了这种精神，才能称得上“自立”。

不仅个人需要自立，一个国家、一个民族也需要自立，而主权的保障则是自立的一种体现，年轻人的自立更是国家和民族精神状态的标志。这样看来，对于一个国家和民族来说，自立是有更深内涵的。只有充分理解了自立的内涵，才能明白自己肩负的任务。由于自立是重要的精神素质，我们不仅要生活自立，也应完善自己的心理与性格。同时，因为年轻人的自立标志着民族的未来精神状态，我们必须把个人同民族振兴与祖国发展联系起来，树立不畏艰难、自强进取的精神。

·3·

谈人事行政：以柔克刚的“太极拳”

讲话固然不容易，能够接受、能够听话的更难。

——南怀瑾

有句俗话叫作：“百人有百性，百人有百心。”纵观古今历史，不难发现，刚烈之人往往容易被柔和之人征服。以刚克刚，易两败俱伤；以柔克刚，则常常马到功成。以柔克刚是为官处事的至高境界，政治家是最善于用眼泪的。

以柔克刚，以弱胜强

有这样一个故事，卡耐基要在纽约一家著名酒店举行讲座，就在一切准备就绪时，酒店方突然提出租金要涨价三倍，而且态度非常强硬，如果不涨租金，就不把场地租给他，讲座也就开不成。卡耐基很快找到了酒店经理，他一点也没生气，而是心平气和地说："我非常能理解酒店的做法，如果是我的话，在酒店举行这样一个隆重的讲座，我也会趁机涨租金的。"紧接着，卡耐基又说道："但是，如果你们把价钱涨得太多，我就放弃租这场地，以后也不会再租。你们只能将场地租给别的会议讲座，这损失就大了。因为来听我讲座的，都是社会精英和名流，他们来这家酒店，等于无形中为你们做了广告，你们放弃我的讲座，岂不是太可惜了吗？"第二天，酒店经理给卡耐基送来一封信，告诉他租金只涨百分之五十。因此，卡耐基的讲座得以顺利举行。

卡耐基以一种温和的方式解决了问题，既避免跟酒店经理吵架，又让对方了解利弊得失，从而得到有利于己方的结果，这就是一种以柔克刚的办法。所以，在很多时候，柔韧比强硬更有力量。以柔克刚是一种更加高明的智慧，是一种极其难得的境界。

在现代社会的企业管理中，以柔克刚也是很有用的。世界上什么人都有，假如你领导的团队里恰好有一些桀骜不驯、不好管理的人，以柔克刚就是一个很好的管理方法。

每一个员工的不合作态度都是有原因的，或是待遇太低、不公平，或是工作量分配不均，这些都与管理者有关。那该怎么处理下属的不满情绪呢？也许有些管理者会说，不听指挥的就辞掉。这难道是最好的办法吗？

解聘一个员工很容易，招聘一个员工也不难，但是要找到一个适合这个岗位的员工却非常难。如果因为这样失去一些好的员工，对任何企业来说都是非常大的损失，更会给整个集体的战斗力带来负面影响。

刚柔之道好似“太极拳”：刚可攻柔，柔亦可克刚。把握好刚柔的尺度，也是一门领导管理艺术。太刚则易折，太柔则没有威信。刚并不代表暴虐，而是指刚强；柔并不是懦弱，而是指谦恭。

儒家所讲的“柔”，是一种致胜手段。火焰看似很柔，飘忽不定，却能将钢铁熔化；水也很柔，顺地势而下，哪里有缝就往哪里钻，但柔而不弱，柔而有骨，凭着信念硬是将顽石穿孔，将巨石化为砂砾。

刚柔相济，恩威并重

在处理人际关系时，因每个人的差异性很大，承受能力也有所不同，这时是刚是柔就要因人因时而定。但是对大多数人而言，无论他的性格是否刚烈，最好是采用柔的方法，热情体贴、循循善诱、耐心细致地教导，许多问题便会轻易解决。但也有不服管的烈性子，这时不妨用点刚的，迎头一棒给予教训。

想成为一名成功的决策者，必须具备刚柔并济的领导艺术并熟练地加以运用。否则，能刚不能柔，就缺乏人情味，显得高傲、强硬；能柔不能刚，就会缺乏威信，处理问题时优柔寡断，难以取得成就。

南怀瑾先生认为，刚柔相济是为人处世艺术中一首奇妙的诗，它的内涵有软硬并举、以柔克刚、刚柔相济等等。从古至今，刚柔相济的处世艺术被广泛应用于生活中，是因为一切事物本身皆具有刚柔的两面性。事物的多样性和复杂性决定了我们在运用刚柔相济的方法时，必须针对不同情况加以灵活地掌握和运用。

地中海附近有一个小岛国叫马耳他，盛产一种灰白色的石头。这种石头刚开采出来的时候十分柔软，用一把普通刨子就能刨成光滑的圆柱或方块。如果将石头放在太阳下晾晒一段时间，它就会变得坚硬无比，用大锤也很难砸开。

这种石头有一个特别的称呼，叫作“豆腐石头”，因它含有极高的氢氧化钙，遇上空气中的二氧化碳后就会反应生成坚硬无比的碳酸钙。马耳他人将“豆腐石头”视作“国宝”之一，因为它容易加工，成型后坚固耐久，给当地人带来极大的便利。用它建造的石头城异常坚固，二战期间法西斯对马耳他进行轰炸，但马耳他总能以最快的速度建起坚固的工事防御和机场，最终也没让法西斯得逞，可以说这种“豆腐石头”功不可没。

人生也当如此刚柔相济，一味软弱的人难以立志，遇事便退缩逃避的人难以成功；而许多人固执坚定、刚直不阿，能面对人生困境，能抵抗强硬的重压，却往往无法柔和委婉，因而对他人的影响和贡献必然有限。像“豆腐石头”这样先柔后刚，柔中带刚，刚在柔后，才是异常宝贵的品质。因为先柔易于造就与雕琢，才会变得虚怀若谷，获得更多支持和帮助，在较短时间内拥有更多的技能与本领，创造更多价值。柔而后硬，是要令才能和本领变得合乎规矩，成为坚不可摧的“磐石”，才能最充分地展现自己的价值。

先柔后刚，先“豆腐”后“石头”，是谦恭有度，也是铮铮铁骨。柔弱之术固然重要，刚强之道也必不可少。为人处世之中，刚柔并济，恩威并重，似太极之法，曼妙无穷。

·4·

谈外交策略：以大事小，以小事大

政治、军事、外交都是没有善恶是非的，只有利害关系。怎么临时处理，要懂得应变。但是要注意，虽然没有善恶是非，都还是有因果的。

——南怀瑾

《孟子》中提出了这样的政治外交观点：“惟仁者为能以大事小，惟智者为能以小事大。以大事小者，乐天者也；以小事大者，畏天者也。乐天者保天下，畏天者保其国。”

南怀瑾对此做出了理性的分析：“以大事小”是仁者的风范，虽然自己的国土大，国力强，但是仍旧愿意配合领土比他小、国力比他弱的小国的政策；“以小事大”是小国自保的策略，为了保持国家的强盛，屈从于强国，保持自己国家的尊严。

以大事小，具有现实意义

南怀瑾先生在解读《孟子》时提到，以自己的大国地位去尊重小国，不愿意欺负比自己弱小的国家，就是顺应“天地生万物”的乐天主义。天地间的规律，不容许大国肆意而为。凡具有效法天地的博爱精神、不以强欺弱的大国，一定可以天下归心，保有天下；而弱小的国家如果能够畏天道，服从强者的领导，不怀叛逆之心，那么就可能保住自己的国家。

南怀瑾先生引据《诗经》来支持他的理论，《诗经·周颂·我将》篇中记载“畏天之感，于是保之”，意思是说，无论大国小国，都必须以谨慎敬畏的心理，顺应自然的大趋势，把握时间的契机，以维系自己的生存发展。

夏朝的时候，汤国以亳为都城，地大人众，国力强盛，它的邻国葛在领土、人口、财力上都不及汤。汤虽有专事讨伐的特权，但对葛仍然平等相待，客气尊敬，绝对不因自己权势大而去欺凌力量弱小的葛国。因而两国世代友好，百姓也能安居乐业。

商朝末期，西方的犬戎经常入侵接壤的周国。文王当时所统治的周国不论文化经济都非常发达，地广民众，比犬戎强盛许多倍。可是文王为了行仁政，不愿意生灵涂炭，百姓受苦，竭力避免用军事手段解决问题，在诸侯国内赢得了很高的声誉，为后来周朝的建立打下了牢固的政治基础。

这两则小故事与南怀瑾先生关于国家外交政治的观点不谋而合。他说，一个国家想生存发展，并不像山间明月那样遥不可及，这道理就在我们每一个人的身边，在普通的日子里，在琐碎的生活中。

以小事大，谦虚敬慎

国家以小事大，这属于明智之举。商朝末期时，姬周诸侯由太王当政，这时周国虽是小国，却正在励精图治。自五帝时期以来，北方的游牧民族非常强悍，常在边界上生事。周太王为了内政的发展，为了在安定中求进步，不去和游牧民族力争，而采取退让的态度，以免扩大战争，影响了内政建设。最后其国力变得强大起来，在周武王时期灭了商朝，建立了周王朝，而周边的游牧民族此时早已不是对手。

还有一个“勾践伐吴”的故事，越王勾践被打败了以后，只好对吴国俯首称臣，一切听从吴王夫差的命令，十分恭敬谨慎，讨他欢心，以便能够回到自己的故国。他回国后，卧薪尝胆，“十年生聚，十年教训”，最后终于雪耻复国。自己力量不够的时候，就顺服强者以图生存，时机到了再做反击，这都是明智的外交原则。

“以小事大”保其国，“以大事小”保天下

南怀瑾先生的观点在当代也很有意义，从中国近几十年的政治外交史中我们便可管窥一二。当初邓小平的韬光养晦政策，就是一种“以小事大”策略。当时我们国力有限，在国际事务中没有实力与美国、苏联抗衡，所以一心搞建设。如果我们天天胸怀全世界，事事都去管，美苏笃定会找我们麻烦。在三十多年的改革开放中，我们的韬光养晦策略很成功，蒙着头一心发展自己的经济，虽然国际场面上很“窝囊”，但是我们达到了“畏天者保其国”的效果。

现在也有人说，既然这“以小事大”政策这样好，那我们就继续这

样干，永远不动摇不就行了。但是，这又进了另一个误区。随着国力的提高，我们的国家已从三十多年前的“小”变“大”了。孟子说过“以小事大”，并没有说“以大事大”。所以我们需要依据“以大事小，以小事大”的原则调整外交政策，要以大国的胸襟和姿态来看待国际问题。从“以小事大”保其国转到“以大事小”保天下，是随着国际形势与自身发展所做的必要调整。

·5·
谈格局：大勇定天下

唯一怒而“安”天下者方为大勇。

——南怀瑾

孟子曾说：“乐以天下，忧以天下，然而不王者，未之有也。”春秋无义战，统治阶层施政的目的不是为了造福人民，只是为了称霸天下，权威永固。然而春秋时国多势杂，王侯想要定鼎天下，就不能没有异于常人的手段。而作为国君，什么最重要？当然是眼界、格局。

南怀瑾先生的《孟子旁通》中提到齐宣王问政于孟子，说与邻国外交有什么好的办法。孟子说当然有，一种是“以大事小”，像汤不去欺凌力量弱小的葛国，文王不攻打犬戎；另一种则是“以小事大”，如越王勾践卧薪尝胆等。孟子还向齐宣王说明，前为“乐天”，后为“畏天”。若一个国家能够以敬畏谨慎的心态，顺应国际上的大趋势，把握时机，便可生存。而齐宣王却听不进去，认为强权便是公理，自称好勇武。孟子便以小勇与大勇劝诫齐宣王，说大勇才能定天下。

孟子是什么意思呢？他是劝齐宣王要胸有沟壑，格局一定要大要广，不要局限于一时得失。勇武是好事情，但不是匹夫之勇，得扩大格局，像周文王、周武王那样才行。而以大及小，我们生活中何尝不是需要大勇？

好勇而自知

战国时期，赵武灵王敏锐地察觉到身着胡服在生活和战斗中更方便，骑战也比车战更先进，于是下令全国上下改穿胡服，教导人民每天骑马打猎。武灵王这一番整顿确实收到很大的成效，军队强大，领土拓展，而他的野心也逐渐扩大，欲向秦国进攻，甚至亲自干起情报工作，冒充使者入秦之首都。据说，武灵王长相威武，身高八尺八寸，被人形容为气雄万夫，志吞四海，因而被秦王察觉，所幸在被捕之前逃回了赵国。

这位有勇有谋的武灵王虽然在国家大事上高瞻远瞩，但在处理家庭问题上却是个糊涂蛋，因为他独断专行，朝令夕改，他的儿子们争权夺利，互相残杀，最终将其困于沙丘的宫中活活饿死。

南怀瑾先生在《孟子旁通》中说武灵王真是智足以知人，而不足以知己；才足以取人，而不足以自保。他一再强调，勇，不但要好勇，而且要大勇，要知道什么是正确的勇。勇者无畏，却不是无知的无畏，而是有所为有所不为。一定要量力而行，既要知人，还要知己，能取人，能自保。

识时务知大勇

孟子与齐宣王讨论勇气，说道："王请无好小勇。"意思是说，君王好勇没关系，但不能逞小勇，那是匹夫之勇。因此南怀瑾先生认为，英雄豪气冲天，大勇可安定天下，逞匹夫之勇，就会"任气尚侠"，就会睚眦必报，最后走向犯罪道路，自取灭亡。

若单论勇武，在楚霸王项羽与刘邦之间，我们肯定会选择项羽。项羽天生神力，有拔山扛鼎之勇，纵横驰骋，无人能阻；而刘邦则是普通人一个，远远比不上项羽。两人之间，谁是大勇？

楚汉之争中，项羽本来处于优势，却只知道单纯地运用军事手段，致使优势变成劣势；而刘邦"斗智不斗力"，灵活地利用一切条件，逐步取得优势并最终取得了天下，项羽只落得个霸王别姬，乌江自刎。

项羽与刘邦，谁才是正确地好勇？一味地逞匹夫之勇，任侠尚气，不过是小勇；大勇者，智勇双全，先有格局后逞勇，不仅是在治国，更是在做事。

苏轼在《留侯论》中谈到大勇者和匹夫之勇的区别："天下有大勇者，骤然临之而不惊，无故加之而不怒；此其所挟持者甚大，而其志甚远也。"他认为大勇者是君子之勇，至于匹夫之勇，只要有几分血气和力气即可，不需要志向和修养，因此也不会有什么辉煌的战果。路见不平，拔刀相助，这样的勇气很多人都有，都能做得到。

大勇是一种为正义而奋斗的精神，是感天动地的人格力量，也是开启成功大门的钥匙。因为君子之勇，无畏无惧，敢于正视坎坷，可以安定天下。

·6·

谈强国之道：孟子心中的“清明上河图”

国之强盛在于黎民。

——南怀瑾

治国之道在中国历代古籍中皆有大量的记载，其中最有名的当属春秋时期管仲的《管子·治国第四十八》与西汉时期刘向的《说苑·理政》。书中记载：凡治国之道，必先富民。民富则易治也，民贫则难治也。这一理念与南怀瑾先生在《孟子旁通》中提到的民富则国富相似。

孟子以当时的农业社会经济为基础提出一套政治理论，从农业的发展，达到农村经济的繁荣，形成国家的富有；由国家的臻于富庶，进一步达到社会的安定。孟子倡导的原则距今已经有两千多年，但仍对后世的治国强国之道产生深刻影响。

民富则国富，民强则国强

中国历来是农业大国，重农轻商，所以孟子主张发展农业。孟子针对动物、植物生长发育受时间限制的特点，旗帜鲜明地提出自己的主张，“只要不违农时，谷物就多得吃不完；只要适时打捞，鱼虾就多得吃不完；只要不频繁砍伐树木，木材就多得用不完”。这样做的目的是“使民养生丧死无憾”。

南怀瑾先生认为，“养生丧死”的内容包括百姓人口的增加，生活质量不断改善，生存的物质和精神支持得以保障，生命的延续顺其自然。因而应当特别重视儿童和老人的福利，使得“老有所终，壮有所用，幼有所长，鳏寡孤独废疾者，皆有所养”。

孟子这样描绘他心中的“清明上河图”：一户人家如果有五亩田地，就可以多种桑树，家中的中年人就能穿上丝绸袄了；家畜家禽要多多繁殖，家中的老人就能吃上肉了。家中有一百亩田地，只要不违农时，辛勤耕耘，一家几口人就可以不饿肚子。做好家庭和学校教育，不断教化年轻人，让他们懂得孝敬父母、尊敬兄长的道理，头发花白的老人就不必劳苦，背负重物赶路了。

国富的前提是民富，让老百姓安居乐业，幼有所养，老有所依，这是治国的根本原则。孟子的主张涉及到古代社会生产的各个方面，并主张工农并举，多层次、多方面发展社会生产，而这些生产措施应该由国君推行，以国家政策的方式进行明确引导，用政治力量和国家机器来维持，这就是所谓的推行“王道”，国家也就能繁荣富裕、长治久安了。

打破陈规，与时俱进

南怀瑾先生认为，孟子重点谈及了农业、渔业、林业三方面的建设，但时代在不断发展进步，社会生活也发生了翻天覆地的变化，我们还要根据眼下的条件和环境，因地制宜，与时俱进，用发展的眼光看待问题，不断完善强国之道。

老一辈的治国思想固然有理，但是今时不同往日，人们的思想在不断变化发展，不能只局限于古人的智慧。有这样一个故事：山村里的木匠去城里找活干，虽然手艺不差，但只有一把斧子和一把铁锯，结果生意很不好。后来他发现别人都使用电锯，干活既省力又省时，于是他虚心请教如何使用电锯，最后舍弃原来用的铁锯，换了新式的电锯。从那以后，找他干活的人越来越多，木匠也逐渐富裕起来。

从这个故事可以看出，时代在变化，墨守成规并非强国之道，要有敢为天下先的精神，就像当年的孙中山先生，眼见清朝统治腐朽落后，无法与时俱进，便倡导民主革命运动，推翻封建王朝的顽固统治，发表“民族、民权、民生”三大主义，为老百姓谋求福利，做到“家给人足”。这些民主精神与孟子所构画的“清明上河图”有异曲同工之妙，但时代不同了，环境也发生了变化，因而具体实施起来也要做出相应改变。

南怀瑾先生认为，不要用停滞不变的眼光看问题，更不要目光短浅，只局限于眼前的现实，治国之道亦是如此，切忌使用头痛医头、脚痛医脚的办法。古代帝王在遇到凶荒的年岁，通常就只想到移民和输粮的办法，虽然可以解一时之困，但不是长治久安之法。如果不从根本上着手，除去“国弱民穷”的病源，为国家千秋万代着想，做百年大计、长久之图，怎么可能让人口多起来，百姓富裕起来呢？人不兴，国家如何富强呢？

因此，每一次朝代更替都是一次改革，既然有改革，就说明有错误失败的地方。因此，我们在吸收孟子理论的同时，也要根据时代浪潮重新阐释理解这些主张，并发展出适合本时代的强国之道。只有打破陈规，懂得变通，方能使国家长治久安。

·7·
谈治国：学有所用，用其所长

治国之道，讲究人尽其才，物尽其用。

——南怀瑾

在《孟子·梁惠王下》中，孟子用建造宫殿选制木材和玉工琢玉作为事例告诫齐宣王，选用大臣要看他的治国才能，而不是会愚昧地忠于君主。这时的孟子在齐国不得志已经好几年了，他与齐宣王多次谈话都没有说动其听取自己的建议施行仁政。这样没有收获的等待让孟子不能再淡定地谈论自己的思想，不得不以“琢玉”之事进谏，下了一剂猛药，希望借此机会走上政途。

南怀瑾先生在《孟子旁通》中以孟子的遭遇来讲国家整治的要理，虽然孟子的思想不被齐宣王看中，但他的理念却具有深刻的现实意义，大到国家，小到企业家庭，都值得借鉴。孟子治国的理念之一就在于学有所用，用有所长。

学有所用，人尽其才

二战时期，同盟国与协约国之间的战争从一定程度上来说就是双方人才的竞争。战争的初期，两个阵营势均力敌，战得难舍难分。而后期，希特勒没有做到人尽其才，对隆美尔的功高盖主有所猜忌，导致隆美尔自杀；而美国总统罗斯福却用半身瘫痪的身体给予将军们极大权力，使得胜利的天平不断向盟国倾斜。同样在这场战争中，德国因排犹政策而驱逐了大量犹太裔的科学家，美国则对这些科学家极力营救和接收。这些人为美国的核技术带来了跨越式的发展，最后才有了日本广岛、长崎两地的原子弹爆炸，二战也自此结束。

“学成文武艺，货与帝王家。”这是中国古人的文化、武艺学习到一定程度的时候，就用来换取政治地位的真实写照。那些有学问、有武艺的人，如果没有一个合适的机会或是际遇，好本事没法张扬出来，那就什么用也没有。这就如同一匹千里马需要伯乐的辨识，而人才则需要赏识者的挖掘。大到治国，小到管理企业，领导者的重要职责之一就是要发现人才，让人才发挥出其才能。

人尽其才，用其所长

刘邦登基当了皇帝之后，有一次和手下的功臣将相一起讨论问题，刘邦问道：“请大家说一说，我和项羽争天下，为什么最后我胜了，而项羽却丢了天下？你们都说真话，不要有所隐瞒。”

这时候就有大臣说道：“我们认为，皇上您很傲慢，而且不太尊重人，项羽这个人却有爱心，非常仁厚，这就是实话。但是，皇上您得了天下，项羽却失了天下，原因就是您每次打下一座城池，就把地方分给功臣和手下，好处大家一起享受，所以我们乐意拥护您。”

这时刘邦说道：“你们只说了其中一个原因，还有一个更重要的原因就是我比项羽更懂得用人。比如我任用张良做军师，他运筹帷幄，指挥部署战略方针，决胜于千里之外，最后取得决定性的胜利。我重用萧何为相，因为他懂得管理国家，安抚体恤百姓，筹集粮饷，支援军队的战备军需，保证后勤供应。我还认命韩信为将军，他能统帅百万大军，战无不胜，攻无不克。这三个人都是杰出人才，因为我重用他们，让他们各显其才，所以我能够夺取天下。项羽呢？他只有一个范增，还没有加以重用，因而丢掉了天下。”

刘邦得了天下，治国安邦，成了大汉天子，他认为自己最重要的优点就是能够知人善任，人尽其才。管理企业也一样，一定要知晓团队的力量，只靠领导者一个人永远不能取得整体的成功。

南怀瑾先生认为，孟子的思想在当时战乱的时代也许不能发扬，但其中蕴含的道理却是什么时候都不会过时的。知人善用，唯才是举，治国之道最难的不是选拔人才，而是怎样使用人才。历史上高明的君王都深谙此理：擅用人才的长处和优势，能用得恰到好处，就能不失时机，赢得最终的胜利。

·8·

谈社会：经济、文化、道德的“连环链”

财富是德业之基。

——南怀瑾

南怀瑾先生在《孟子旁通》中论述经济、文化与道德之间的关系时说：“礼节、仁义这些德性，是以安定的生活与财富为基础的。一个君子富有了，就更乐于行善积德；而普通的人有了财富，也就安守本分，不会作奸犯科。”正所谓“仓禀实而知礼节，衣食足而知荣辱”。一个人在食不果腹、衣不蔽体时，很难做到舍己为人，无私地去帮助他人；如果在一个人将要饿死、冻死的时候去跟他讲论道德情操、仁义礼智信，恐怕也是没有用的。只有让他吃饱穿暖，解决了生计问题，对他的道德教化才有意义，才能指望他拥有高尚的情操。

这样的道理朴实而又深刻。社会的发展也暗含此理，首先要保证的不是人民的思想教育，而是生存能力、生活保障。没有经济财富的支撑，精神文明建设就如同无根之木、无源之水，是长久不了的。经济、文化与财富之间的关系是相辅相成的。

钱财是根基

《孟子·梁惠王下》中，孟子问齐宣王不推行仁政的原因，齐宣王毫不惭愧地以“寡人有疾，寡人好货”来回答。他说：“我有一种病，我爱好钱财。”

在古代，“货”就是现在我们说讲的“钱财”的意思，金钱上的富裕、物质上的丰沛都可以用“货”来表示。齐宣王的回答看似与孟子所问的风马牛不相及，但是其中却大有关联：孟子要求齐宣王能够对社会上的穷人实行优先救济，但救济是一定要花钱的，所以齐宣王就以“爱而不舍”的理由拒绝了孟子的提议。就这样，齐宣王与孟子打着太极，就是不肯答应做点实事。

孟子也不着急，好言好语地捧着齐宣王：“不只有您一个人爱财，周朝先祖公刘不也是爱财之人吗？这并不能成为您不施行仁德的政治原因，前人留下的《诗经》中记载，公刘虽然爱好钱财，但能设身处地地为别人着想，在发展生产这一方面付出了很多努力，他辖区里的百姓富裕了，许多人慕名而来投奔他。有了足够的钱财，也有了大量的人口，为以后周朝的建立打下了坚实的基础。”

孟子并没有强硬地反驳齐宣王荒唐的说辞，而是借力打力，用公刘的事例来引导齐宣王实行安民强民的政策。

喜欢钱财并不是坏事，钱财是发展的基础，如果缺少了钱财，那么就无法振兴经济富裕百姓，无法组织军队卫国强邦。经济是文化与道德树立的根本。

经济、文化与道德，不可分割

《史记》的作者司马迁对经济有着很深的认识。在人们都看轻货利的时候，他却把重货利当作一件重要的事。在他的眼中，姜太公、范蠡和孔门子贡都可以被看作经济专家。在《史记》中，他明确地指出了商业发展的重要性，以齐桓公和管仲为事例阐述政治、经济和文化三者不可分离的关系，并且重点表明了经济对其他两者的重要性。

司马迁引用“仓廪实而知礼节，衣食足而知荣辱”来论述经济与个人品德的关系。有了坚实的经济基础，才有机会去发展更高层次的道德文化。有了钱财才会安分守己、乐善好施，才会追求品行上的完美。

在南怀瑾先生看来，每个人的追求不同，安身立命的价值也不同，但无论是求喜乐、求子孙，还是求功名、求财富，说到底都跟一个“利”字有关，也就是经济问题，这是每个人生存的基础。但同时，世人也有陶渊明那样不为五斗米折腰的高洁品质，那是一种对精神文化的追求。此外，有的人也会经历孟子所说的“舍生而取义”、“取义而忘利”的时刻，这是对无上道德的追求。

因此，对于每一个人来说，生命中的经济、文化与道德三者不可分割，我们不能做唯利是图、见利忘义的人，也不能一味地清高，远离人群，不食人间烟火。就像南怀瑾先生所说的，拥有财富并不是错误和罪过，一个有钱的富豪同样可以成为高洁之人，成为道德高尚的慈善家。经济、文化和道德，本来就可以相辅相成，一点也不矛盾。

·9·
谈仁术：孟子的行为心理学

不走小路线，要发大慈悲。

——南怀瑾

《孟子》一书中，齐宣王问政于孟子，孟子提到仁政的推行，借此说出了一个大的道理：仁君所行之事，应是基于国家利益的大慈悲，而不是沽名钓誉的小恩小惠。在南怀瑾先生的《孟子旁通》中提出了孟子思想的两个学说问题："第一是仁爱心理的心理行为问题；第二是领导人行仁政的方法问题。"

在我们的生活中，常常会遇到很多令人无法理解的现象，有些人可以为了一只小狗四处奔波，却对街边乞丐视若不见；会被道听途说的事迹感动莫名，却对现实的人或事无动于衷。我们真正需要的仁是什么？不是妇人之仁，不是一时一地之仁。真正的仁应该是胸怀所有的大慈悲，是愿为能为的仁道。

以小推大

有一次齐宣王坐在大殿上，看到有人牵着一头哀嚎不止、瑟瑟发抖的牛，便问道："这是要做什么？"那人回答要拉出去宰了祭祀，齐宣王看到牛的样子于心不忍，就下令放了牛。牵牛的人问道："那不祭祀了吗？"齐宣王说："那怎么行？找头羊替代它！"

这事后来被老百姓知道了，有人觉得齐宣王小气，因为牛比羊贵多了，齐宣王是以大换小，不舍得用牛祭祀；也有人觉得齐宣王很虚伪，牛可怜不杀，换头羊就不可怜吗？

但是，对于一国之君来说一头牛算得上什么？齐宣王再小气也不至于吝啬一头牛，那么齐宣王虚伪吗？

齐宣王问孟子："我当时用羊换下即将宰杀祭祀的牛，是出于内心的一点慈悲之心，而不是什么价钱问题。我不忍心看着那头牛在屠刀前瑟瑟发抖，就让人用羊将它换了下来，到现在我的想法都没有变。我要是以这样的想法来治国，为什么不会成为仁君呢？"

孟子则说道："如果能做大事的人却做不成小事，那一定是他藏私了。"齐宣王当然不相信，这时孟子又说："这样说来，不忍心杀一头牛，却让百姓在痛苦中生活着，是你没有施行仁政，而不是你不能推行仁政。"

孟子这是由动物推及到人民，希望齐宣王在对待臣民的时候能像对待动物一样心怀慈悲。这是孟子对齐宣王心理做出的一个分析，齐宣王不忍杀牛，孟子就将这种“不忍”的仁爱推及到百姓身上，扩大到治理国家中。如果齐宣王能在这些大方面做到“不忍”，就是把“小仁”推广为“大仁”，定能成为一代仁君明主。

能为与不为

孟子曾问齐宣王：“如果有个人能举起百钧的重物，能看清秋天鸟类身上刚换的茸毛末梢，可是要他去捡一根羽毛，去看一整车的木柴，他却不能办到。这样的话，你会相信吗？”齐宣王回答说当然不可能相信。

于是孟子接着说：“既然有能力举起重百钧的东西不可能拿不动羽毛，能够明察秋毫的人不可能连一车木柴都看不到，那么换到齐宣王您身上，您能够以羊换牛，仁爱到怜惜禽兽畜生的地步，但是您的恩泽功业却不能遍及到百姓身上。我们知道能举百钧却拿不起羽毛是他不肯用力，能明察秋毫却看不到一整车木柴是他不肯用眼力，而您对于一头牛都大发慈悲，让它活着，可是您的百姓们呢？他们还处于水深火热之中，您有能力却不顾及他们，是您没有顾念。所以说，您不能推行王道，不是您不能，而是您不愿意去做而已。”

这是“能做”和“愿意做”的两种情况。孟子认为齐宣王是“隐而不治”，没有尽力治理国家。孟子在这里试图把他心中的大同政治思想灌输进齐宣王的治国思想中，让每个人在爱自己的同时也关爱别人，这种推己及人的智慧能让更多的人民生活得更幸福，让更多的臣民拥护国君。

孟子一番话可谓是振聋发聩，我们现实中又何尝不是如此。有些事我们本来能够做到却没有做到，不是能力不及，而是不想去做。孟子的智慧在治国上有用，是能持久的谋略；而在做人上，在生活中，更是大有裨益。

·10·

谈气节：知识分子的立身准则

处世以立德为事业，执事以尽心为有功。

——南怀瑾

南怀瑾先生创办“东西精华协会”，其会员守则中有这样一条：“处世以立德为事业，执事以尽心为有功。”气节是我国固有的道德标准，现在仍用这个标准来衡量人们的行为，主要是指读书人或士人的立身处世之道。

德不足以亲近，文不足以亲远

南怀瑾先生在《孟子旁通》里说道：在春秋战国时期，各国诸侯之间霸业不断，都在培养道德的政治基础。那时候国与国之间、人与人之间之所以谁也不相信谁，就是因为政治道德的衰落，这就是“德不足以亲近”。然而，那时诸侯国之间尚保留着一些牵系，还没有完全对立撕破脸，也并非只看眼前利益，不顾长远打算，因此“文不足以亲远”。战国时期诸侯争霸，在自己的所谓侵略战争的名头上还要挂一个冠冕堂皇的理由，而“士”的阶层往往为个人利益朝秦暮楚，各诸侯国成为他们游说谋利的战场。孟子评论国无气节，士无气节，而诸国之间“断之以战伐为之者”，都是因为当时的大部分有识之士没有正确认识到气节的重要性。

孟子提倡人应该有一股“浩然之气”，这里所谓的“气”，是《左传》中的“一鼓作气”中“士气”之意的延伸扩展，包含了勇士、武士之“斗志”的含义。他说“至大至刚”，说“养勇”，都是带有“浩然之气”的，具有正义感和战斗性。孟子认为，“浩然之气”是“集义所生”，“义”就是“有理”或“公道”，养成这种“浩然之气”，便会自然而然生出一种“君子气节”。

先秦时代，“气节”往往包含着礼义与和谐，成为一种做人处事的标准，也是君子的立身准则。《左传》中提到“圣达节，次守节，下失节”，古代君子贤士注重礼乐，礼的精神是“节”，而乐的精神是“和”，君子的生活准则中有节也有和，也就是儒家的“中庸之道”，君子以气节为基础，成就了儒家的礼义道德。

孔子曾经有论断，天下之所以会“礼崩乐坏”，就是因为人们目光短浅，没有气节，无法坚守君子的立身准则，只重视物质利益，而忽略了“礼”和“义”，进而成为丧失“气节”之人。气节是抵挡利欲诱惑的武器，失去了这个武器，人会变得为所欲为。孔子在《易经·坤卦》中说：“臣弑其君，子弑其父，非一朝一夕之故，其所由来者渐矣。”可见，当时的社会风气不讲礼义，无视气节，人心因贪婪变得邪恶。

修身齐家，然后治国平天下

孟子生活在战乱纷繁的时代，在大多数士人追名逐利的时候，他始终坚守着君子的“气节”，并呼吁人们“舍生取义”。《孟子·告子上》说：“生，亦我所欲也；义，亦我所欲也。二者不可得兼，舍生而取义者也。”在战国利欲熏心的时代环境中，孟子为了人伦正义，为了传统道德政治，坚守不受时代环境影响的气节，使得“君子气节”成为由古到今甚至将来颠扑不破的道理。

君子为何要保持气节，坚守这样的立身准则？儒家思想认为：君子修身齐家，然后治国平天下。没有气节，就谈不上修身，也就不可能齐家治国，乃至平天下。

“修身”，简单地说就是提高自身的修养。具体来讲，就是一个人要饱读诗书，坚守高尚的道德，君子当有所为，也当有所不为。从某种方面来说，这是一个人踏入社会，赢得他人认可和尊重的必备条件，也是个人气节的突出表现。

而“齐家”就是管理好家庭和宗族，或者是组织和团体，以己之才能，尽职尽责，做人不能各扫门前雪，有识之士不仅要懂得独善其身，还要承担起应有的责任。家庭是国家的缩影，团体是社会的元素，只有把自己的家庭和所属团体经营好了，才有可能治理好国家。家是最小的国，国是最大的家，古代知识分子立身准则的最终目的就是治国，只有小的宗族井井有条了，君主才能让有识之士发挥他们的治国才能。

治国之后，便是“平天下”，“平天下”并不是用武力平定天下，而是安抚天下黎民百姓，使他们能够丰衣足食、安居乐业。这不仅是国家君主的任务，也是士人文臣们的主要责任，民兴则国兴，民亡则国亡。

正所谓“身修而后家齐，家齐而后国治，国治而后天下平”，君子的气节就体现在这些方面。

·11·
谈经济：顺应天时，不违农时

孟子曰：“不违农时，谷不可胜食也。数罟不入洿池，鱼鳖不可胜食也。斧斤以时入山林，材木不可胜用也。谷与鱼鳖不可胜食，材木不可胜用，是使民养生丧死无憾也。养生丧死无憾，王道之始也。”

“不违农时”是孟子的重要主张。乍一听好像很简单，因为没有人傻到夏天才去种西瓜，冬天下雪了才去收割麦子。然而这里说的“不违农时”是要求人有意识地去约束自己的行为，从而为子孙后辈留下资源，以便经济的可持续性发展。

天时地利人和

南怀瑾先生在他的《孟子旁通》里提到，在中华民族文化里，人的地位是高于天地的。的确，人类是万物中最有智慧的生物，是万物之灵。这是因为人懂得思考，会分辨利弊得失，有着强大的思考能力，因而在“天时地利人和”中，“人和”是最重要的。“天时不如地利，地利不如人和。”但是人如果在天不和、地不利的时候非要创出事业来，恐怕就要受到大自然的惩罚了。

“天时”非常重要，这一点在战争中体现得很充分。赤壁之战中，诸葛亮计谋百出，先是用反间计让曹操把两个指挥水兵的战俘将领蔡瑁杀掉，又派庞统给曹操出计把船用锁链锁紧，以便在火攻时取得最大战果。一切都做全了，“只欠东风”，如果东风不来的话，诸葛亮是无法大败曹军的，历史上也就不会有这么经典的战例。

大自然是有一定规律的，如果人在自然万物中毫无节制地任取所需，最后一定会被大自然惩罚。举个例子，如果滥砍滥伐，没有足够的树木来固定土壤、锁定水分，最后会造成严重的水土流失，空气恶化、洪灾泛滥接踵而来，到那时便会鸡犬不宁、民不聊生。看似是人类主宰着一切，但大自然也有它的逆鳞，并不是案板上的鱼肉。人类只有在合适的时机，做遵守自然守恒法则的事，大自然才不会用环境倾覆人类。

人定胜天的主观能动性

孟子强调的“勿夺其时”自有其道理，我们不得不承认，在很多时候我们只能顺应天时。举个最简单的例子，我们穿衣服就是看天气来穿的。天热的时候穿短袖，天冷才围围巾。天时不是人力可控的，我们只能服从。但强调天时并不是说要完全听从，还有句古话叫“人定胜天”，说明人的主观能动性也是很重要的。正因为拥有主观能动性，人类才发明了许多物品，天冷时有暖气，天热时有空调，都是主观能动性的体现。

通晓天时而发挥主观能动性的人，他们的手中必然有着通往智慧和财富大门的钥匙。因为他懂得什么时候做事最合适，何时顺应自然，何时人要胜天，而且在此过程中获取最大效益。现实生活中，很多人满腹才华却得不到重用，也许是因为主观能动性发挥得还不够，虽说“酒香不怕巷子深”，但酒也要想办法能够被人发现香气。诸葛亮虽隐居南阳，但也名动天下，因而吸引了刘备三顾茅庐，请他出山帮自己分析天下格局，最后得到重用。只有在等待天时的时候付出努力，天时到来时我们才有能抓住。

南怀瑾先生一生信佛，相信凡事都有因果。很多老年人活得有滋有味，像年轻人一样充满活力，也有很多老年人担心垂老之年到来，郁郁寡欢。事实上，年老是人人都要经历的阶段，每个人都要面对人体自然的衰老，承认这个事实，顺应这个天意。但是，我们也可以发挥主观能动性，抱着“人定胜天”的信念，保持一颗年轻的心，让生活中充满欢笑和创意，就可以延长青春，让衰老来得更迟一些。这是一种因果，心若年轻，必然不老。

同样地，我们现在的社会也遵循着这样的因果法则。南怀瑾先生认为，因果具有循环不息的特性：因果无头无尾，循环往复不曾间断。“天时地利人和”，人只有在天时地利之际，积极发挥主观能动性和实践创造性，才能得到最好的结果。

Part 3

运筹帷幄之间，决胜千里之外

——南怀瑾讲《易经杂说》

《易经》是我国最古老的一部哲学著作，也是一部凝结中华民族睿智卓识的优秀作品。它以“阳爻”和“阴爻”为基本符号，通过对卦象的解释，阐述事物生成变化的法则。南怀瑾先生所著的《易经杂说》以通俗浅显的方式介绍《易经》，并对其中所含智慧进行详解，中西贯通，旁征博引，具有“运筹帷幄之间，决胜千里之外”的特点，为人生指点迷津。

·1·

谈变通：化敌为友，有容乃大

世间无不可变之道理，无不能变之关系。

——南怀瑾

南怀瑾先生讲《易经杂说》，说《易经》有三个重要的大原则，分别为变易、简易和不易，其中排第一位的就是变易。变易就是变通的智慧，他说："《易经》的智慧广博渊深，变通实在是我们应该时刻谨记的道理。"

《系词》上说："易之为书也不可远，为道也屡迁，变动不居，周流六虚，上下无常，刚柔相易，不可为典要，唯变所适。"这段话的意思是说，《易经》这部书不可不读，因为它是一部讲客观规律的书籍，它其中讲述的一些根本规律，表现形式变化多端，阴阳刚柔相互变动，充满了整个天地宇宙。我们不能把这些规律看成是固定不变的，这些规律在不同的时期、不同的地点、不同的条件下，表现出不同的形式与作用。只有理解了"变化"二字，才算把握住了《易经》的真髓。

知变通，化敌为友

日常生活中，我们常会与周围的人有这样或那样的矛盾，有时因一件微不足道的小事而恶语相加，甚至是大打出手。矛盾的产生往往难以预料，原因也通常很可笑，结局总是令人痛苦。我们怎么避免与人发生冲突呢？那就是把对手变为朋友，化敌为友，退一步海阔天空。南怀瑾先生说，世界上的事，世界上的人，乃至宇宙万物，没有一样是不变的，就算是敌人也可以成为朋友，应时刻谨记宽容变通，海纳百川，有容乃大。

美国总统富兰克林年轻时，曾经把所有的积蓄都投资到一家小印刷厂。为了能够得到为议会打印文件的机会，他想了很多办法，做出了非常大的努力。可是谁也没想到，一个非常不利的情况出现了。议会里有个议员非常有钱，而且很能干，很有威望，但他却非常不喜欢富兰克林，还在公开场合斥骂他。

这可不是个好兆头，于是富兰克林决心使对方喜欢自己。富兰克林听说议员的图书室藏有一本非常稀奇的书，就给他写了一封便笺，表示想看一看这本书，请议员把书借给自己几天，好仔细地阅读一番。议员随后叫人把那本书送来，过了大约一个星期，富兰克林把书还给他，还附上一封信，表示了强烈的谢意。之后他们在议会相遇时，议员主动跟富兰克林打招呼，并且极有礼貌，二人逐渐成了很好的朋友。

富兰克林这种处理人际关系的方法值得大家学习，如果他一味地怨怒，不知变通，那么这个议员还会很乐意地帮助他吗？南怀瑾先生说，一切的人和事都是在不断变化的，我们不能固执地看待问题，以前对自己有利的，以后或许是有害的；以前是自己敌人的，以后或许能成为朋友。成大事的人必然要懂得包容，一个朋友一条路，一个敌人一片堵，化敌为友就是要将“堵”变成“路”，使未来的生活道路畅通无阻。

心胸开阔，海纳百川

《易经》中的智慧引导人们学会适应变易，这些道理看似简单，但是付诸行动却非常困难，这需要我们有广大的胸怀和宽容的心态。我们都知道，心胸狭隘的人容不得他人，也永远不懂得宽容，只会斤斤计较，大动干戈，不宽容别人的时候，同时也苛待了自己，令自己陷入愤怒和痛苦当中。

南怀瑾先生说，生活当中，摩擦和矛盾不可避免，有的时候我们不必看得如此严重，多一些宽容和爱心，生活中就多了温暖。事实上，宽容别人就是释放自己的胸怀，远离嫉妒和纷争，也就远离了痛苦和伤害。

唐朝有个著名的将领郭子仪，在平定“安史之乱”和抵御外族入侵中立下了汗马功劳，却遭到朝中太监鱼朝恩的嫉恨。鱼朝恩在皇帝面前进谗言，让郭子仪的地位在朝中大起大落，屡次充满危机。当郭子仪领兵征战沙场时，鱼朝恩竟然暗地里派人掘了郭子仪父亲的坟墓，曝尸荒野。郭子仪领兵还朝，大家都以为他要雷霆大怒，谁知当皇帝忐忑不安地提及此事时，郭子仪却伏地大哭道：“臣多年在外带兵打仗，遇到兵将们挖人坟墓时我没有阻止，如今别人挖了我父亲的墓，这完全是上天对我的报应，不是由于别人的缘故。”结果这件事不了了之，郭子仪没有报仇，反倒宽恕了鱼朝恩。

鱼朝恩听说郭子仪回朝，寝食难安，担心他会报复自己，便想先下手为强，在家中摆下了“鸿门宴”。郭子仪丝毫不以为意，只带了几个随从，穿着便装去赴宴。鱼朝恩见他没有穿铠甲戎装，也没带士兵护卫，觉得惊讶不已，席间有人告诉他实情，说郭子仪已经宽恕了他，说掘坟一事是天谴，不是人祸。鱼朝恩当场被感动得嚎啕大哭，承认自己的过错，从此以后不再以郭子仪为敌，反而处处维护他、帮助他。

郭子仪心胸宽广，宽恕敌人，这种豁达超出一般人的想象，他用宽容为自己减少了一个敌人，增加了一个支持者。郭子仪辅助四朝帝王，以八十五岁高龄得以善终，成为历史上罕有的“权倾天下而朝廷不忌，功盖一世而主上不疑，侈尽人欲而议者不贬”的显赫名臣。

江河湖泊汇入大海，是因为海的心胸足够宽广，所以才世代不绝，长流不息。只有心胸宽广的人才会包容对手，才能化敌为友。宽容体现一种超凡的人格魅力，包含着一个人的爱心、理解和修养。宽容不是懦弱的退缩和妥协，而是建立在一种强大的自信之上，愿意与对手和谐相处，共生共赢。化敌为友，有容乃大，这就是《易经》的变易之理对我们的指引。

·2·
谈管理：刚柔相济才是施法之道

刚柔共济日月乃行。

——南怀瑾

《易经》中讲："是故刚柔相摩，八卦相荡，鼓之以雷霆，润之以风雨，日月运行，一寒一暑。"古人解释道："日月为易，刚柔相当"。我们理解"易"字时，它的象形字是上面一个"日"，下面一个"月"，因而"易"所讲述的实际上是一个宇宙系统中日月运行、阴阳并生、刚柔相济的法则道理。

南怀瑾先生在《易经》讲了"八卦相荡"的含义，他说八卦相荡，就是指先天六十四卦的一来一往，彼此游荡出来。假设我们从卦的方位来看，阴阳一动，刚柔交加，乾卦变动引起兑卦雷霆相碰，因而产生风雨，各种天象开始运行。这就好比古代一个朝廷，文武官员两股力量相辅相成，相生相克，帝王发出命令，引发一系列管理政策的施行，然后产生相应效果，百姓生活随之运转起来，进而蒸蒸日上。

刚柔相济，文武兼得

什么最柔？什么最刚？天地间没有绝对的东西，老子曾说世界上最柔的东西是水，水一滴一滴，都是软的，没有骨头，风一吹就干了。但同时水也是最刚强的，利刃难摧，水滴石穿，是世上最厉害的武器。因而水是刚柔相济的，也可以在刚柔之间互相转化，再坚硬的冰块，终归会软化成水，最终消失。

纵观历朝历代，统治者手下的文官似水一般柔软，虽然不擅长征战沙场，但是他们的治国思想、口才文笔都是利器，能够提供管理策略和计划；而武将拥有强健的体魄，驰骋于沙场战斗中，金戈铁马，他们是国家最坚强的武器，是国家领土和百姓生命的重要保障。正因为有这一刚一柔、一阴一阳，才确保了一个国家的正常运转。

治理一个国家，偏重刚柔任何一方都不行。秦王朝以武力打天下，强兵严法，以刚猛为主，对柔的政策嗤之以鼻。因而秦始皇登基之后，不但不大力发展文化，反而焚书坑儒，杀害了很多文人策士，将柔的一面全都扼杀。这样一来，秦朝刚柔之道失调，无法让国家真正强大兴盛起来，最后到了秦二世，秦朝就灭亡了。

宋朝则是相反的例子，赵匡胤打天下登基之后，担心武官掌握军权谋反，因而杯酒释兵权，大力扶持朝中文官，打压武官的力量。文武不能相济，刚柔不能协调，造成宋朝的军事管理十分柔弱，常年被四方少数民族欺压，最后偏安南方，直至灭亡。

因此，要想管理好一个企业或者一个国家，就得懂得阴阳调和、刚柔相济。我们都知道廉颇和蔺相如的故事，一个文臣，一名武将，一个对外，一个对内，方能保证国家的长治久安。

真正的管理是刚柔相融

南怀瑾先生认为，刚柔相济的道理其实就像一架天平，这一头重，那一头就会高起来；而如果这一头高起来，那一头就沉下去，因此均衡是最好的。刚柔相融虽然很难做到，但这是一个管理者必须具备的素质。对于领导者来说，亦刚亦柔是趋于平衡的理性态度，也是一种很巧妙的管理方法，一方面要刚正不阿，另一方面又要能跟属下增进感情，既不傲慢，又坚持原则。

日本著名企业家松下幸之助有这样一个故事：有一次他的属下犯了一个严重的错误，使得公司蒙受损失，他大发雷霆，一边用教棍敲着桌子，一边严厉地批评属下，最后把教棍都敲弯了。一番训斥之后，松下看着属下说道："你看我骂得多激动，竟然把教棍都弄弯了，你能不能帮我把它扭直？"属下连连点头，很快把它恢复了原状。松下夸奖他，"你的手真灵巧啊"，之后露出亲切的笑容。属下原本一肚子的不满，这会儿立马就消散了。等属下回到家后，发现妻子面带笑容，做了一大桌的饭菜，他问是怎么回事，妻子说："松下先生来电话，说你今天回家的时候心情一定非常差，所以要准备一些好吃的东西，让你解开烦闷。"属下一听，非常感动，从此更加认真踏实地工作。

从这个故事可以看到，刚和柔并不是对立的，可以做到相辅相成。这两个看似互不相容的东西，融合在一起反而会相得益彰。历史上不懂得刚柔并济的帝王到最后都自取灭亡，好的管理者是将刚柔巧妙结合，就好像冰和水一样，看着一硬一软，其实本质相同。所以，太刚则必折，太柔则必缺，只有刚柔并济，才是管理的上上之道。

·3·
谈积淀：专注小事情，成为大赢家

世上但凡有成功的，都专注于小事情。

——南怀瑾

《易经》坎卦载："九二，坎有险，求小得。象曰，求小得，未出中也。"意思是说，陷阱中处处都有危险，如果从小事情着手，慢慢谋求脱离险境的办法，就一定会有所得。

南怀瑾先生也认为，对于想要成功的人来说，表面上每天经历的都是小事，但实际上事业中并无小事。很多时候，一件看起来微不足道或者毫不起眼的事却能影响一生，成为成功的关键。因此，从小处做起，慢慢积累经验和能力，再小的溪水也能汇成大河。

专注平常生活中的点滴

从前有两个和尚，他们分别住在相邻两座山上的庙里。两个和尚每天都在同一时间下山砍柴，久而久之成了好朋友。他们每天砍柴，不知不觉过了二十年。有一天，左边山上的和尚没有下山，右边山上的和尚以为他睡过头了，便不以为意。哪知道第二天左边山上的和尚还是没有下山，第三天也一样。直到过了一个月，右边山上的和尚终于受不了了，心想："我的朋友可能生病了，我要过去拜访他，看看能帮上什么忙。"

于是，他爬上左边的山去探望朋友。等他到了庙里，看到老友之后大吃一惊，因为老友正悠哉地打坐念经，一点也不像生病的样子。他很好奇地问："你已经一个月没有下山砍柴了，难道你不用柴火做饭吗？""来来来，我带你去看，"朋友带着他走到后院，指着一大片树林和灌木丛林说，"这二十年来，我每天下山砍柴时，都会从山底带回来一些小树苗，把它们栽种到后院里，这些小树苗慢慢长大，我再从大树上分出小树苗，就这样不停地栽树，庙里的后山上都是我栽的树。如今这些树已经长大了，我就不用再下山砍柴，可以有更多时间念经修佛了。"

这个故事讲的就是，小事积累，时间一久，就成就了一件大事。故事中左边山上的和尚很聪明，每天将一些时间专注在一件小事上。冰冻三尺，非一日之寒；水滴石穿，非一日之功。常年积累下来，再微不足道的事也会变得有意义。

一次做好一件事

南怀瑾先生说，《易经》的原则通常是渐变，很少有突变的事情发生。那些看起来是突然产生变化的现象，其实也是慢慢得来的。所以说，不管做什么事，都不能操之过急，正所谓欲速则不达，每次做好一件事情，就朝成功迈进了一大步。

有一个很著名的寓言故事：一只猴子下山去玩，它来到一片玉米地，看玉米又大又甜，于是掰下很多，抱在怀中，高兴地上路了。很快，它又来到一片桃园，见树上结了鲜美的桃子，心想："玉米没有桃子好吃，我要桃子。"于是赶忙扔了玉米，爬上桃树去摘了很多桃子。紧接着，猴子又看见西瓜，心想："西瓜更大更甜，我还是要西瓜吧。"猴子又把桃子扔了，抱了一个西瓜往回走。途中突然看见一只白兔，跑得非常快，猴子很不服气，想要去追，因此把西瓜也扔了。到最后它没有追上白兔，而且已经精疲力尽，只好两手空空回家了。

动摇不定、三心二意都是成功的大忌。歌德曾经说："一个人不能同时骑两匹马，骑上这匹，就得舍弃那匹。聪明人会把凡是分散精力的事情抛到一边，只专心致志做一件事，并且做到最好。"的确，很多人不能成功的原因就是难以专注于一件事，尤其是面对小事，更不愿花费时间精力去认真做。

南怀瑾先生说，一次做好一件事，就要把精力集中在一个目标上，不能轻易被其他的事情所诱惑，如果经常改变目标，或者把精力分摊到许多事情上，最后往往不会有满意的结果。对于追求成功的人来说，见异思迁和四面出击都是不明智的，把有效的时间和精力集中在当前所做的一件事情上，集中解决问题和困难，就能提高效率，获得成功。

因此，当我们做一件事不能竭尽全力而是三心二意的时候，就好像挖井一样，花了很多时间挖很多的井，倒不如花同样的时间挖一口井，最后一定能喝到甘甜的井水。

·4·
谈合作：方以类聚，物以群分

方以类聚，物以群分，吉凶生矣。

——南怀瑾

南怀瑾先生在《易经杂说》中这样解释“方以类聚”：“方”的古字形就像一只蹲着的猴子，所以有人说，将猴子一只只地聚在一起，就是方以类聚。也有人认为“方”就是“位”，意思是空间和方位。每一个空间中的人和物都有独特的情绪和个性，按照空间分类聚在一起。就好比在高山和陆地相同温度的地方种同一种蔬菜，种出来的蔬菜尽管外形相似，但是吃到嘴里的感觉还是大不相同，这就是方以类聚的道理。

物聚群分影响吉凶命运

《战国策·齐策三》中记载，齐宣王用高官厚禄招揽贤能之士，齐国有一位著名学者叫淳于，他在一天之内举荐了七位贤士。齐宣王大感疑惑，问他去哪里找到这么多贤能之才。淳于说道："他们都是我的朋友，因为天下同类的事物总要相聚在一起。我既然算得上是贤才，那么我举荐的朋友也都是贤士，就如同黄河里取水，燧石中取火一样容易。"

齐宣王听了十分高兴，给淳于双倍的赏金，连同他举荐的贤能朋友一起封赏封官。有一个喜欢吹嘘拍马的官吏知道此事后，找到他的狐朋狗友，说只要自己向齐宣王举荐他们，大家都能封赏得官。于是这人也一天之内举荐了七个朋友，齐宣王说道："你自己就不是贤者，你举荐的这些人都是你的朋友，正所谓物以类聚，可见他们也不是贤士。"结果齐宣王不但没给他们高官奖赏，反而重重惩罚了他们。

方以类聚产生吉凶，与淳于在一起的贤士朋友，因物以类聚得高官，而另外一伙人则被齐宣王惩罚。因此，喜欢与什么样的人相处，就是吉凶的反映。一个人愿意与游手好闲的人来往，自然是一种凶兆，而愿意跟勤奋好学的人一起，当然是一种吉兆。

有这样一个小故事，说的是一个农民买驴的事情。有一天，农民要去买驴，但不知驴的品性，就先牵来试用两天。他把驴和自家的三头驴系在一起。这三头驴一头勤快，一头懒惰，一头善于讨好，主人对此了解得一清二楚。新买的驴被牵回家后不和别的驴站在一起，只走到那只好吃懒做的驴旁边。农民见状，二话没说，马上又牵着这头驴回到市场。

“你还没好好试试呢。”卖驴的人说。“不必再试了。”农民回答说，“现在我知道它是什么样的驴了。”泥土靠近玫瑰，吸收了它的芬芳，从而也能散发出香气，给别人带来玫瑰的香味。其实，人类何尝不是这样，与什么样的人相处久了，久而久之，我们也会染上和他相同的“味道”。

中国有句古话：“近朱者赤，近墨者黑。”意思是周围的环境对人的影响很大。美国也有一句谚语：“和傻瓜生活，整天吃吃喝喝；和智者生活，时时勤于思考。”二者说的其实都是同一个道理。

变化产生吉凶

和什么样的人在一起，决定了有什么样的结果。德国行为学家海因罗特在实验中发现一个有趣的现象：刚刚破壳而出的小鹅会本能地跟随在它第一眼看到的自己的母亲后面，但如果它第一眼看到的不是自己的母亲，而是其他的活动物体，它也会自动地跟随。尤为重要的是，一旦它形成了对某一物体的固定跟随，它就不可能再跟随其他物体了。这种反应是不可逆的，后来被另一位德国行为学家洛伦兹命名为“印刻效应”。在日常交友当中，虽然也有这样的“印刻效应”，但是我们可以通过努力产生变化，改变吉凶。

古代有一对邻居，一穷一富，穷人的儿子勤奋好学，富人的儿子不务正业，但两家关系很好，两家的儿子经常在一起玩耍，穷人的儿子劝说富人的儿子要勤奋努力，但富人的儿子并不接受建议。每隔几年，官府都会征召年轻人服徭役，富人临死前留了一笔钱，想花钱让儿子免去服役，但儿子游手好闲，把这笔钱都花光了。等到征召徭役的时候，穷人的儿子已经考过科举，做了一名县令，不需要去服役，而富人的儿子手里没钱，无法免役，最终只能去服役。

服役的时候，富人儿子想起他的朋友，觉得非常羞愧，决定痛改前非，重新做人。他发挥自己的聪明才智，努力工作，很快就完成了徭役的任务。他的县令朋友见他变得勤奋，而且非常能干，因此招他做了一个小吏，从此协助县令治理地方。他做得有声有色，得了贤能之名，颇受上司的赏识。

这个故事告诉我们，对于勤奋进取的人来说，命运掌握在自己手里，可以趋吉避凶，以努力和变化来改变原本的命运。

《易经》解释吉凶生矣，即为“在天成象，在地成形，变化见矣”。群体的变化也可能产生吉凶之兆。老子云：“道不同，不相为谋。”人在某种程度上是群居动物，每个人都更倾向于和与自己志同道合的人在一起，大家因同一个梦想或者同一件事情聚集到一起。但这样的群体一旦发生变化，也能产生吉凶。当群体中有人改变、特立独行的时候，往往就会出现利益冲突，发生矛盾，产生分歧。

南怀瑾先生认为，交友合作是否吉凶，只要看懂其中的变化原理，就可以掌握和预测。合作中的变化不仅可以产生吉凶，还可以改变吉凶。只有当变化的过程符合自然规则，顺应自然，这种变化才是趋吉的。

·5·

谈处世：自助、人助、天助

人助者天助，一切要靠自己。

——南怀瑾

千百年来中国人都愿意相信自己，《易经》中说：“是以自天佑之，吉往不利。”表面上看来，这是说天保佑了，做什么都无往不利，好像跟人的努力没有关系。但其实关系不浅，南怀瑾先生在《易经杂说》中阐述这两句话的意思是，“懂了《易经》这些道理，上天就会保佑你。上天怎么个保佑法？就需要你自己照《易经》的道理，做得合情合理，天人合一，要你的修养到达这个境界，就可以天人合一。”从某种意义来说，这里所说的“天”并不是另外一种力量，而是自己的内心。

懂得《易经》的道理，用这个道理做人做事，就是无往不利，其中自己努力做事非常重要，学习正确的哲学观念，发挥主观能动性，引导个人的发展和社会的进步，就一定会欣欣向荣。所谓“自助者人恒助之，自助者天亦助之”，都是重要的处世哲学。因而当人生遇到困难时，首先要自己努力，依照某种方法渡过难关。

自弃者，天弃之

从前有一位神父，有一次他居住的小镇上发洪水，洪水迅速淹没了他的小屋。为了逃生，他只好爬上屋顶，并不断祈求上帝保佑：“快来救救我。”

不久有一艘小木船向他划来，船上的年轻人大喊：“神父，快上来。”没想到神父大声应道：“年轻人，你去救别人吧，上帝会来救我的。”小木船走了，神父继续祈祷，而水已涨过屋顶。

这时又有一艘摩托艇快速向他驶来。艇上的人大喊：“神父，快点走，要不就真的来不及了。”神父一脸安详地说：“年轻人，快去救别人吧，上帝一定会来救我的。”摩托艇也走了，神父继续祈祷。

又过了一阵，水涨到神父的胸口。此时，不远处一架直升飞机快速朝神父飞来，机上的人狂喊：“神父，神父，快上来，要不然就真的没命啦。”没想到，神父依然一脸安详地说：“快去救别人吧，上帝肯定会来救我的。”飞机飞走了，水还在上涨，很快神父就被淹死了。

死后，一生虔诚的神父的灵魂升到天堂。见到上帝，他非常生气：“上帝，你真是不够意思，我一生对你如此虔诚，为什么在我快要被淹死的时候你不来救我？”这时，只见上帝一脸安详地对神父说：“我的孩子，当水淹到你屋子的时候，我不是派了一艘小木船去救你吗？你不上来。当水淹到你屋顶的时候，我不是又派了一艘摩托艇去救你吗？你还不上来。当水淹到你胸口的时候，我看到情况万分危急，派了一架直升飞机去救你，你还是不上来，你真的不能怪我呀！”

这则小故事说的道理也正是南怀瑾先生的观点，如果你自己放弃，只等着天来救你，那你放弃的就是天救你的机会。所谓自助，是不求天、不求地，以自己的努力顺应天意。我们遇到困难时，往往首先抱怨天不公平，怨天尤人。试想，如果自己都放弃了，天会帮忙吗？正所谓自弃者，天弃之！

自助者，天助之

南怀瑾先生认为，遇到难事的时候，先求自助，努力到极限了，再求人助，最后再求天助，若能做到这样，没有什么难关是渡不过去的。“天”是什么，有时候就是一种人心力量，强大的自我信念可以改变事情的结果，进而趋向于遵循客观的天道。

一名虔诚的佛教徒遇到了难事，便去寺庙里去求拜观音。他走进寺庙，意外地发现观音像前已有一人在拜，那人长得和观音一模一样。教徒问道：“你是观音吗？”那人答道：“是。”“那你为何还拜自己？”教徒不解地问。观音说：“因为我也遇到了难事。我知道，求人不如求己，所以我来拜自己。”

小故事大道理。遇到困难，我们首先要学会求己，会自助，不要放弃，坦然面对生活中的一切打击和挫折，努力解决。因为这是一种生活态度，也是一种乐观向上并且充满自信的活法。保持积极健康的人生态度，拥有坚定的生活信念，努力改善所处的不利局面，最终自会人佑之，天佑之，吉无不利。

现实生活中，每个人都难免会深陷困境，或者遭遇人情危机，南怀瑾先生讲《易经》就是要告诉我们一个道理，为人处世，不要处处求人，即使现在能求到，以后也总有求不到的时候。善于自助者，明了事理，能权衡利弊，计算得失，面面俱到，这就借了天势，自然天也助你。

·6·
谈创业精神：好事多磨，刚柔始交而难生

真正成功的事业，没有不经过困难来的。

——南怀瑾

“象曰：屯。刚柔始交而难生，动乎险中，大亨贞，雷雨之动满盈，天造草昧，宜建侯而不宁。”南怀瑾先生用这个卦象来说明创业中的道理，好事来的时候都有困难和阻碍，不经过困难就轻易成功的，绝对不是好事，轻易得到的东西通常很快就会失去。因此，真正成功的事业必定好事多磨，定要经过困难。

中国自古就有好事多磨的说法，不经一番寒彻骨，怎得梅花扑鼻香。欲成就一番大事业，就不得不经历千辛万苦、百般险阻。南怀瑾先生在《易经杂说》中讲，创业就好比一种事物的新生，刚柔相交产生矛盾，矛盾推动新事物的发展。刚柔始交而难生，创业者必须有开拓精神，做好迎

接种种困难、克服艰难险阻的准备。

好事多磨

创业并不是一件简单的事，它需要各种能力的发挥。我们都希望创业成功，品尝到最后甜美的果实，但是要想摘取果实，必须得忍受辛劳与痛苦。南怀瑾先生认为，“刚柔始交”就像一对男女谈恋爱，其间会遇到很多矛盾与问题，因此困难就产生了。“刚柔始交而难生”这句话让我们明白，一件好事的产生并不简单，一个好局面的形成更不容易，不知道要经过多少艰难困苦。

有这样一个小故事：有一名工匠，别人请他帮忙，将一块木板钉在树上当隔板，那人说：“你应该先把木板一头锯掉些再钉上去。”工匠找来锯子，还没锯两下，发现锯子生锈了，得磨快一些。于是他又去找锉刀，接着又发现必须先在锉刀上安一个顺手的手柄。于是他又去灌木丛中寻找小树，可砍树又得先磨快斧头。磨快斧头需将磨石固定好，这又免不了要制作支撑磨石的木条。制作木条少不了木匠用的长凳，可这没有一套齐全的工具是不行的。于是，他到各处去寻找所需要的工具，这一件事花费了他不少时间和精力，最后他终于把一切都准备好，顺利地将隔板钉到了树上，而通过这一番努力，他自己也成为一名厉害能干的工匠，赚了不少钱。

村里另外一个人看见工匠很赚钱，也想做这份工作，恰好也有人请他钉木板，可他忙碌了一圈，发现无论哪个环节都非常困难，没有一件事是十分顺利的。他抱怨道：“为什么别人赚钱容易，我一做的时候就变得困难了？”因此他很快就放弃了，什么钱也没赚到。

从这个故事可以看出，成功看似容易，其实创业之路非常艰难，每一个创业者都要遭遇无数的困难，遭遇没钱穷困的生活、被人误解甚至不平等对待。但好事多磨，成功必定是无数次失败堆积而成的。艰难的经历给予他们的不仅仅是痛苦，还有让他们不断成长的良药。

因而，只有磨难才能催生成功的意志，我们要懂得这个道理，要坦然并积极地接受。

经历考验，坦然以对

“天降大任于斯人也，必先苦其心志，劳其筋骨，饿其体肤！空乏其身，行拂乱其所为，所以动心忍性，曾益其所不能。”生于忧患死于安乐，没有困难在面前，是不会真正努力，获得成功的。南怀瑾先生说：“新开创的一个事业，动起来是动在危险当中，从象上来看，如在海底，要用力冲上来，冲破上面巨大的压力是十分困难的，但是人没有危险在前面是不会努力的，有困难、有危险，则反而促进人努力争取成功。”

美国总统罗斯福在政坛上也不是一帆风顺的，1920年他竞选总统失败，暂时退出政坛。有一次游泳，他双腿突然麻痹，从此卧床不起，成了一个什么事也做不了的残疾人，精神和身体的痛苦同时折磨着他。最初罗斯福几乎绝望了，认为永远都不可能返回政坛，但最后他以顽强的意志力坚持下来，治病期间仍然读书思考，努力学习。经过一场疾病的折磨，罗斯福变得更加坚强，他的口号是“无所畏惧”，并告诉自己：“我们唯一值得恐惧的就是恐惧本身。”他终于战胜了病魔，恢复了健康，十二年之后，他重新竞选总统，成为连续四次登上美国总统宝座的伟大人物。

所以，在未成功之前，所有的磨难都是考验和资粮，是我们向成功前进的动力之基。施利华是商界拥有亿万资产的风云人物，但1997年的金融危机使他破产了，面对失败，他只说了一句："好哇，又可以从头再来了！"他从容地走进街头小贩的行列叫卖三明治，一年后靠此实现了东山再起的梦想。1998年，泰国《民族报》评选"泰国十大杰出企业家"，施利华名列榜首。

想创业就必须要有这种坦然面对、毫不气馁的精神，创业途中的种种磨难都是考验与成全。我们要明白好事多磨、"刚柔始交而难生"的规律，勇敢面对，坚持不懈。

·7·

谈时机：站稳脚跟，伺机而动

欲成人事，必先稳而后趁可乘之机。

——南怀瑾

《易经》屯卦第一爻讲“初九，磐桓，利居贞，利建侯。象曰：虽磐桓，志行正也，以贵下贱，大得民也。”南怀瑾先生在《易经杂说》中描述了屯卦第一爻，以此来分析对时机的把握。磐是大石头，桓是草木的意思，这个现象是说一块大石头压在土地上，那么土地就不能利用了，但土地上的草木怎么办呢？草木有生发之根，虽有那么多大石头压在上面，可是生发之根永远压不住，终会破土而出。

这个道理告诉我们在外界种种艰难险阻的困扰下要先立足，先生根，只有脚跟站稳了，才有更进一步的可能与机会，接下来便是伺机而动，一飞冲天。

站稳脚跟，积蓄力量

南怀瑾先生对于站稳脚跟有这样的看法：草木的根芽发出来是好事

情，可是需要时间，也需要等待，不可急躁，不能动歪脑筋，不能走邪路。事业也好，生活也好，都讲求一个稳，合抱之木生于毫末，九层之台起于累土，凡事都讲求根基。

“卧薪尝胆”的故事可谓人尽皆知。春秋时期，吴国攻打越国，越国兵败后，勾践与吴国讲和。他把国家大事托付给文种，自己带着夫人和范蠡去吴国。到了吴国，夫差让勾践夫妇住在阖闾大坟旁边的一间石屋里，并叫勾践给他喂马，而范蠡则跟着做奴仆的工作。夫差每次坐车出去，勾践就给他拉马，这样过了两年，夫差认为勾践真心归顺了，便放他回国。

勾践回到越国后，立志报仇雪耻。他与百姓一起种地，发展经济，积累财富和军备，委托范蠡建城作都，扩大国力，并和群臣一起谋划攻吴之计。他唯恐眼前的安逸消磨了志气，因此在房顶上挂了一个苦胆，每次饭前、睡前先尝一尝苦味，自问：“你忘了会稽的耻辱吗？”他还把席子撤去，睡在柴草上头。这就是后人传诵的“卧薪尝胆”。

当勾践发现越国还不足以对抗吴国时，就继续讨好吴王，不断送去美女香料，让吴王夜夜笙歌，过着奢靡的生活，以削弱吴国的国力。经过多年忍辱负重，他已经站稳脚跟，只待合适的时机，并最终如愿以偿，消灭了吴国。

要生发的根是永远压不住的，勾践卧薪尝胆正如同小草扎根，在土地下的根扎得越牢，时机来临时力量就会越强。“金鳞岂是池中物，一遇风云便化龙。”把握时机，前提就是要积蓄力量，站稳脚跟。

伺机而动，一击必胜

时机如同春雷，当没有雨水的时候，潜龙在渊，必须先潜伏暗藏力量。等春雷一响，大雨磅礴，龙就可以跃出渊底，飞龙在天。也就是说，如果想要做成某一件事情，必须先做好准备，静待最佳时机的到来。南怀瑾先生在《易经杂说》中提及把握时机，不可轻举妄动，一旦准确抓住了时机，就会一击必胜。同时，时机并不是想要便有的，可能需要漫长的等待。

若问《三国演义》中最受欢迎的人物，绝大多数人都会想到诸葛亮，而他就是一个懂得把握时机的人。起初诸葛亮在南阳隐居，亲身耕种，只是乡间一介草民。但他博览群书，上能知天文，下能晓地理，日日躬耕不辍，读书不息，积蓄了经天纬地的才华、治国安邦的能力，自比管仲乐毅，号称卧龙，可谓是天下的大才。同时，他仰观政治风云，通晓天下之形势，又结交了很多南阳名士，这一切都是在积蓄力量，为走出隆中做了充分的准备。

虽然诸葛亮立足于偏僻的茅庐，却已是盛誉满天下。当时有一些人请他出山做军师，但他都拒绝了。他虽然胸有韬略，能运筹帷幄，却一直不出仕，是因为在等待最合适的时机到来。

后来一代明主刘备三顾茅庐，诸葛亮充分发挥了自己的才华，表达了对时局的真知灼见，使刘备连连感叹："孤之有孔明，犹鱼之有水也！"随后，诸葛亮离开隐居之地，大才横空出世，推动了三国鼎立之势，辅佐刘备建立王朝。这期间火烧博望坡、新野之战、赤壁之战等更令诸葛亮名扬天下，连东吴英才周瑜都要感慨，既生瑜何生亮！

诸葛亮的成功可谓后世之典范，把握时机，不出则已，一出必定一鸣惊人。在当今社会，我们更应该收起浮躁的情绪，切忌贪功冒进，急于求成，一定要站稳脚跟，伺机而动，这样方可成就大事。

·8·

谈分寸：物极必反，事情不要做过了头

物极必反，天之理也。

——南怀瑾

《易经杂说》中说：“上六，龙战于野，其血玄黄。象曰：龙战于野，其道穷也。”南怀瑾先生在解释这一现象时认为，乾卦六爻都是用龙来代表，“龙战于野，其血玄黄”，是说一战争就要流血，流下的血为玄黄色。如果《易经》是根据天象来谈人事的，那么事态一旦发展到极致，就会引发争斗，也许是一种推翻重来的革新，也许是一场改朝换代的战争。因为穷极则生变，变而生通广。走入一个极端，到了某一种情况非变不可，因为“其道穷也”。极端则要求变，变的时候自然有“龙战于野”的流血之象，这是一定的。

南怀瑾先生所谈的物极必反的道理，告诫大家当“其道穷也”，必

然会出现“龙战于野”的事情。因而，如果一个人想安稳度日，就不要走极端，凡事不要做过了头，只要不出现“其道穷也”，就不会产生巨大的变化。

不懂分寸，没有良机

三国时期的魏国是曹操用一生心血建立的，也是当时最强大的国家。但是曹氏子孙不肖，后来的魏国竟成为司马氏的天下。到魏主曹芳当政时，司马氏实际上已经操纵了大权。司马师带剑入宫，一切政事都由他决断，根本不把曹芳放在眼里。曹芳气愤不已，不经过深思熟虑后下诏诛杀司马氏。结果事不机密，反而被司马师废了皇位。之后司马师另立曹髦为新王，但自己仍然控制整个朝政。司马师死后，司马昭自封天下兵马大都督，处处挟制曹髦，篡权的野心日益显露，以至天下无人不知。

眼见司马昭的专横，曹髦恨在心里，写了一首《潜龙诗》，以泄不满。诗曰：“伤哉龙受困，不能跃深渊。上不飞天汉，下不见于田。播居于井底，鳅鳝舞其前。藏牙伏爪甲，嗟我亦如然。”曹髦写完这首诗并未谨慎收藏，而是拿给官员们看，一位名叫贾充的官吏知道后，马上向司马昭告发此事。司马昭一听诗中将他比喻成鱼鳅黄鳝，恼怒万分，立刻身带宝剑随从直入宫殿，当着百官大臣厉声责骂曹髦，公然威胁说：“你曹髦是不是想做第二个曹芳！”

曹髦回到后宫，越想越气，发誓要铲除司马昭。但他没有详细明确的计划，只是召来王经、王沈、王业三位大臣合谋。王经见他不懂进退的分寸，便劝告他，要以鲁昭公讨伐季孙氏不成，反被流亡的史事为鉴。可是，曹髦表示宁死也不能让司马昭猖獗了，于是草率召集兵士三百人，叫嚣着要去诛杀司马昭，王经死谏也不听，而王沈和王业则投靠司马昭，当了叛徒。还不等司马昭动手，曹髦就被司马昭的手下杀死，而王经和三百兵士也全都惨遭杀害，血流遍市。

这个故事正表明了《易经》中坤卦上六爻为阴盛之极的物象，曹氏后人做事不讲分寸，进退无据，因而无法遇到良机。正因阴盛之极而逼阳与之交战，最后形成“龙战于野”之象。司马氏身为人臣，权倾天下，威逼魏主，但他们篡权的时机并没到来，曹氏将事情做过了头，物极必反，反而给司马氏造反提供了良机。司马氏在卦象中成为变革的一方，而曹魏必然遭致毁灭。

坤卦上六爻义的故事告诉世人，在矛盾双方力量各有优劣时，一定不要轻易行动，以防做得过头，反倒给对方提供机遇。应变等待和创造时机，审势而后动，这才是有智慧的做法。

中庸行事，不偏不倚

南怀瑾先生认为，做事应当中庸行事，不偏不倚，欲速则不达，物极则必反。不守住自己的位置，而想去抢占别人的地位，这样也是一种不明智的做法。因而，做人做事，都不要过了头。

古往今来各个朝代都有许多物极必反的例子，比如秦始皇时期的李斯建议以法家思想治国，焚书坑儒，倡导耕战，摒弃思想文化发展，最后将秦国变成一个极端尚武的战争机器，在治理国家的时候专恃暴力，不重仁德，因而到了秦二世国家就灭亡了。

武曌是唐高宗时的皇后，她在高宗死后临朝听政，不久后废了中宗，改立国号为周，自称为则天皇帝，也就是历史上的武则天。她临朝听政的时候，太子中宗已经长大，可以处理国家的大事了，但她还是不肯放手。当时，许多大臣都很不满，纷纷上书劝止。其中有一位名叫苏安恒的大臣也上了一本奏疏，劝谏则天皇帝。奏疏上说："太子已不再年幼，才德也不错，您却还贪恋着皇帝的宝座，而忘了母子情分，您不能再拖延下去了，我认为上天和百姓们都是倾向李家的，您现在虽然还平安地坐在皇位上，但总要知道物极必反、器满则倾的道理吧！"

武则天并不听劝，结果遭致几次谋反事件，臣民对她也多有不满。晚年的时候，她终于明白物极必反的道理，当年用强硬手段废黜李氏子孙，自立为皇帝，这件事本来已经偏离中庸之道，而她在夺权过程中诛杀政敌，甚至连亲人都不放过，更是做过了头，必然招致怨怒。最后，武则天认识到这一点，将皇位和政权重新交还李氏后人。

古书有"物极必反，命曰环流"这句话，就是说一件事情到了极端的时候，一定会产生变化，从而造成全然不同的结果。所以无论做什么事，都该遵循适可而止的道理，凡事有度，过犹不及，不能把事情做过了头，否则事情超出控制，只能自食恶果。

·9·

谈功名：功成，名遂，身退

物不可以久居，功名不可以久留，盛极必衰。

——南怀瑾

功名向来是人们热衷的话题，正所谓“学得文武艺，卖与帝王家”。功名自古就是实现自我人生价值的标尺，在其之下有多少人沦为枯骨，但千百年来人们仍对它趋之若鹜。对于功名，南怀瑾先生在《易经杂说》中借用老子的话说：“功成，名遂，身退，天之道也。”功成名就之后，就该身隐而退，这样才符合天道。

《易经》有云：“物不可以久居其所，故受之以遁，遁者退也。”意思是说，一件事不可能永远维持原状，早晚会发生变化；而人也不可能一直待在高位上，退隐离开才是正确的做法。南怀瑾先生说，孔孟老庄的道理都是从《易经》中来的，“物壮必老，老者必倒”，这是自然的法则，一个人不可能永恒存在，所以就慢慢地衰老，直到遁离原来待的地方。万事万物都是这样的道理，阴极阳生，阳极阴生，花草树木一旦走到最繁盛艳丽的时候，紧接着便是枯萎凋零。懂得这个亘古不变的道理，才能在功名场上全身而退。

功成身退天之道

万事万物的变化都有定律，而《易经》阐述的就是最自然质朴的真理，没有一件事物在达到极盛后是不衰退的。一个人的地位达到最高，就会开始走下坡路，倒不如及时急流勇退。尤其是历史上的政治家们，功成名就，及时隐退，多半有个好下场，而那些始终不肯放弃权位的人，到头来或许遭受极大的祸患。这是《易经》里的智慧，也是重要的人生哲理。

春秋时期，吴王阖闾登上王位，任命从楚国逃亡出来的伍子胥管理国家大事，又任命深通兵学的大军事家、齐国人孙武为将。从此，吴王阖闾励精图治，文有伍子胥，武有孙武，二人建言献策，帮助吴国筑建城郭，设守军备，充实仓廪，治理兵库。这样一来，吴国的政治、经济和军事力量逐渐得到加强。伍子胥深恨楚国，一心想报当年流亡之仇，因此根据吴国与周边各国的强弱形势及利害关系，与孙武等一起制定攻打楚国的争霸方略。

最后吴王阖闾亲自率兵攻楚，占领楚国都城，取得巨大胜利。伍子胥夙愿得偿，大仇得报，与孙武共同建功立业，都是位极人臣，备受恩宠，两人此时都处于人生的巅峰。孙武感觉自己已经功成就，便辞官退隐，潜心修著了《孙子兵法》。而伍子胥却留在朝中继续辅佐吴王夫差，在越王勾践忍辱负重意图雪耻复仇的时候进言，却被奸佞谗言所害，命丧黄泉。

从这个故事来看，伍子胥和孙武都为吴王称霸大业做出了巨大贡献，然而两人的结局却截然不同。孙武功成身退，伍子胥却惨死吴国。这正是《易经》所说的道理，“物不可以终壮”，人生哪有长久辉煌的，一个人站在顶峰上，如果不下来，那下一步有可能便要走进万丈深渊。

认清局势知进退

南怀瑾先生在《易经杂说》中讲关于现实生活的道理，认为功名于个人来说，只不过是人生价值的一种实现，如同奔马长跑，到达目的地之后，就要停下来寻找下一个目标。如果一味地在一个跑场上，不知疲倦，不知休止，纵使是一匹千里马，也必有所伤。“益而不已必决，故受之以夬，夬者决也。”这意思是说，在受益的时候不要以为得志有福气，《易经》告诉我们要懂得进退存亡之道，得了好处之后不知后退，到了顶点就会崩溃。人在功名前，要看得清得失，把握好尺度，认得清自己处于什么样的位置。

有个小故事说的是，春秋时期有一个乞丐，他所处的国家中经常有叛乱，新王杀掉旧王，过不了多久新王又被人杀掉，如此反复。这一次新上台的君王命他去查探贼人，乞丐出色地完成了任务，不仅获得了真实情报，还砍了贼人的脑袋带回来。新王赐给他金银，想要加赏他，他却一文钱也不要。平定贼人作乱，论功劳他应当承袭百户侯，但乞丐摆手说：“我怎么能穿这样的衣带白袍呢？怎能对着进辕门的人叩头呢？倒不如在人群中讨饭来得自在。一个人如果可以不在意侮辱，就不会羡慕荣华富贵。”

有人说乞丐不懂得抓住时机，但有人却赞赏他有进有退，保留了大智慧。因为他早已认清了局势，国家政权交替频繁，今天的新王也许就是明日的阶下囚，跟这样的人共事，反倒不如自己讨饭逍遥自在。正所谓功成身退，实际上是要保存实力，免于被卷入无休止的争斗中。

南怀瑾先生讲："由《易经》来观察宇宙事物，来讲历史文化，人生不会有绝路，要用智慧处理这个事。"人生不管大事小事，首先得认清自己能走到什么位置，心中时刻谨记这个道理，既然功成名遂，什么都具备了，那就该考虑下一步该往哪里走。"升而不已必困，困乎上者必反下"，当一个人不能再往上升了，就会陷入困局当中，而一旦困住了，就必然开始走下坡路。《易经》中的道理确实是我们该时刻谨记的信条。

·10·

谈人情：人情练达与食古不化

大贞则凶，凡事须要通达。

——南怀瑾

《易经》中有关于泰卦的吉凶卦象，说："小往大来，吉亨。"泰卦象征着人情通达，弱势过去，强盛来临，就是吉祥亨通。但如何能改变弱势，迎来强势？泰卦之象是上乾下坤，天之气下降，地之气上升，阴阳二气相互交合，自然顺畅通达。

南怀瑾先生在《易经杂说》中说，乾代表君王和领导者，坤就是广大百姓，上下要经常沟通调和，化解矛盾，以阴阳交泰之道治理国家，就能产生亨通之象。人情之间的交流需要通达，不能一味地墨守成规、食古不化，要依照具体的环境和对象处理人情世故。在人际问题上，不能千篇一律地坚持某种原则，事事都坚持讲原则，就会破坏人际关系。因为“大贞则凶”，贞是讲原则，大贞就是做过头了，定会走向凶兆。

人情练达

南怀瑾先生说，六十四卦都要人走正路，摆得正，走得正，则样样都好，偏差了终归会出毛病，所以小吉是贞是吉，但是过了这个度就是所谓的“大贞凶”。他解释说：“什么都死死板板的很正，像学理学的人，在这个时代，还是言行呆呆板板，矫枉过正，并不是好事，所以大贞则凶。”因此人情最讲究练达，要谨言慎行，也要能看懂眼色，化解危机。

明朝时，明英宗听从宦官王振的馊主意而御驾亲征，不幸在土木堡兵败被俘，后来虽被释放，但朝中已有新帝，他只能被尊为“太上皇”，既没权又没钱，过了好几年郁郁寡欢的日子。后来在大将军石亨的协助下，他重新夺回政权，当上皇帝。

帮助英宗重新登上帝位，当然是大功一件。石亨从此恃宠而骄，目中无人，不懂得结交众臣，反倒总是将自己的功劳放在嘴边，若有人不服气，就肆意欺压排挤。许多朝臣认为他很不像话，但没有人愿意提醒他，因为大家都知道，这样不懂人情世故的人，即便地位再高，早晚也有倒霉的一天。

有一天，明英宗在恭顺侯吴瑾的陪同下，登上宫廷内的最高建筑翔凤楼散心，走着走着，放眼一望，突然看见宫廷外有一座新建的宅楼，相当宽广华丽。于是，英宗便问那是谁盖的。吴瑾当然知道这是当朝大红人石亨的新宅，不过他最懂得察言观色，故意装糊涂地回答说：“这一定是王府。”

心中有数的英宗说道：“不对。”眼看英宗心中自有定见，吴瑾立刻补上一句：“这不是王府，难道有谁敢这么嚣张，修建这么一座气势逼人的豪宅？”事实上，石亨建造宅院并没有功高震主之意，但是他在朝中树敌太多，没人愿意维护他。时间一久，英宗也对他信心动摇，不久便将他罢官下狱处死。

石亨与吴瑾的言行对比惹人深思，我们不得说人情练达十分重要。小贞吉大贞凶，处世之道并不仅仅是个人的能力发挥，人生一定要通达，知进退，懂是非，不能刻板地循规蹈矩。南怀瑾先生认为，每个人的智力都差不多，头脑好使的人只是比别人反应快几分钟。而真正聪明的人懂得人情世故，知道如何与他人相处，善于沟通，能及时化解矛盾，适时向别人学习，借鉴成功者的经验。

所以，人活在社会中，不能像孤岛一样，要时刻与周围的人交流。人情世故就是要懂得与人结交，明白通达的道理，这对于成功来说非常重要。

能变则通

南怀瑾先生认为，人生路途波折，磨难重重，并不是一帆风顺的。在我们的人生道路上总会遇到形形色色的拦路之虎，时代瞬息万变，机会也是稍纵即逝，而我们每个人都渴望走上坦途，迈向人生的成功之路，因而会不自觉地遵循一些规律和成功的范例。但是，并非每一种范例都是适合自己的，食古不化、不懂变通的人是很难成功施展抱负的。

乌鸦喝水的故事我们都听过：一只乌鸦口渴了，到处找水喝，突然看见一个瓶子里有水，可是水太少了怎么也喝不着。它看见旁边有小石子，就一个一个地放到瓶子里，瓶子里的水慢慢地升高，乌鸦就喝着水了。自从它用小石子填满瓶子，美美地喝了一顿水之后，回去就大肆宣扬自己喝水的方法，于是伙伴们都牢牢地记住了这个妙法。

一只乌鸦出了趟远门，飞到一片沙漠上，它感到口渴难耐，就想找些水来喝，恰巧看见地上有一个瓶子，瓶子里有半瓶水，乌鸦高兴地落在瓶子旁边。可是，瓶子附近一个石子也没有，没有石子就意味着喝不着水，看着水喝不到，这可急坏了乌鸦，它到处找石子，可是只有满地的黄沙。最后，这只又累又渴的乌鸦死在了瓶子旁，化成了一堆白骨。

又有一只乌鸦刚好经过瓶子上空，也感到口渴，就落了下来，当它看到地上的瓶子和死去的乌鸦，心里知道发生了什么事。这只乌鸦不再找石子了，而是用爪子在瓶底挖坑，当坑挖到一定深度时，瓶子开始慢慢地倾斜，等水涌到瓶口，乌鸦把嘴伸进瓶子，美美地喝了个痛快。可见学会变通是多么重要，不变通可能会付出生命的代价，而变通就是赢得了生命。

故事虽小，其中蕴含的道理却很深刻——世事洞明皆学问，人情练达即文章。南怀瑾先生说，人生要通达，食古不化就不对了，不知道变就是大贞凶。人情世故正如水中行船，顺风时一路高歌，逆风时小心谨慎，行正道，不同流合污，不贪功冒进，遇礁石时及时变通，人情是一门通达的学问，值得琢磨。

Part 4

道，救人救世的药

——南怀瑾讲《老子他说》

《老子》又称《道德经》，是我国古代道家和道教最著名的一部经典。它仅有短短五千言，却包罗万象，广博精微。其以“道”的理念为核心，构建了一个充满智慧和逻辑观念的哲理体系，对古代帝王治国、世人修身都产生了重大影响。南怀瑾先生以其敏锐的洞察力、深厚的文史功底创作了《老子他说一书》，用通俗易懂的文字对《老子》的内涵和深意进行阐解，并归纳出一些为人处世的道理。

·1·

谈名利：名利上，不争天下先

三千年读史，不外功名利禄；九万里悟道，终归诗酒田园。

——南怀瑾

《道德经》四十四章关于名利是这样说的："名与身孰亲？身与货孰多？得与亡孰病？甚爱必大费，多藏必厚亡。故知足不辱，知止不殆，可以长久。"

南怀瑾先生在《老子他说》中解释：老子要我们看通人生道理。因为世界上的很多人，就是为了名与利而活。如果从哲学的观点仔细研究人生，有时候会发觉十分可笑，存在很多十分虚假的东西。事实上，人的虚名与他本身毫无关系，与人的身体也不相干。人活的时候，受虚名所累，最后死的时候，虚名也带不走。同样的道理，利也是虚假的，一般人不了解这些，只想没有钱就会饿死，因而用这个理由来逐利。

古人有两句名诗："名利本为浮世重，古今能有几人抛。"名利虽是世界上是最明显的虚幻之物，但没有几个人能够抛之不顾。正是因为抛不下名和利，多少人牺牲了健康与欢乐，多少人丧失了理智与良知，多少人付出了生命的代价！

不舍私欲，故而争名逐利

老子说："天下熙熙，皆为利来；天下攘攘，皆为利往。"名与利是人心欲望的外在彰显，世上很少有人能跳出名利权势的圈子。正如有人问江畔寺庙里的高僧："您在这里居住了几十年，知道每天江中来往多少船只吗？"高僧回答："只有两只船，一只争名，一只逐利。"

南怀瑾先生认为，老子所说"不贵难得之货，使民不为盗"是一种较为消极的避免争斗的劝诫，因人人皆有欲望，欲也有善恶之分，善的欲望有时可以成为一种信念，而恶的欲望则会招来烦恼和毁灭。他引用《庄子・让王》篇中的典故：昭僖侯想要侵略魏国，为如何找借口发动战争一事颇为烦恼，因此召见大臣华子问他该怎么办。华子问昭僖侯："如果有人对您说，砍掉您的手臂才能让您坐拥天下，您愿意吗？"昭僖侯回答："不愿意。"华子说："那好，照这么看，两只手臂比天下要重要得多，魏国跟整个天下比更是微不足道，咱们去入侵魏国，本来就不是为善之欲，您为了此事如此愁苦，以至伤害自己的身体，是不是得不偿失呢？"昭僖侯恍然大悟，感激道："劝慰我的人虽多，却没有一个能说出先生这样高论的。"

华子之所以能说出这样的话，正是因为悟透了欲望与名利的关系，一个人为善欲而争，那是一种坚定的信念，而一个人为恶欲而争，只会自寻烦恼。人若没有健康的心态，只一味地追名逐利，称霸天下，那又能有什么欢乐呢？

有一个和尚来到佛祖面前，手里拿了两个花瓶。佛祖说：“放下。”和尚放下左手的花瓶。佛祖又说：“放下。”和尚放下右手的花瓶。佛祖还是说：“放下。”和尚很奇怪，问道：“我手中没有东西，两手空空的，你让我放下什么呢？”佛祖说：“我要你放下六根虚尘、六识之欲，把这些统统放下，做到真正的空，就能从红尘生死的桎梏中完全解脱。”和尚此时才明白佛祖让他“放下”的道理。

舍得放下私欲，是一种可以看破生死的大智慧，可以使人真正做到不受私欲主宰操控。

追名逐利是一场骗局

“莫言名与利，名利是身仇。”唐代大诗人杜牧的两句诗看似直白，其实蕴含了深刻的道理，名利不过如清晨露水、山间云雾，极易逝，极易失。它看似华丽璀璨，却随时能够化作尖利的匕首伤及自身。

那么名利到底是什么呢？一个年轻人也想知道，他天天思考却不得其解，听闻名利是个青春貌美的姑娘，如果拥有她就能成为全世界最幸福的人。这个年轻人下定决心追求她，拥有她。他四处寻找，从智慧书籍到宗教世界，都找不到这位姑娘的影子。后来，年轻人到了尘世中，茫茫人海，大千世界，他四处询问，人们回答他：“名利？是的，她非常美丽动人，之前她来过，又走了。”“她到底去了哪里呢？”人们摇摇头，回答说：“不知道。”

日子一天天过去，他两鬓渐渐染上白霜，但仍没有放弃寻找这位姑娘。他走得越来越远，来到世界的尽头，那是一个幽深悬崖，底部坐着一个丑妇人，阴险地对他说：“你不是一直寻找名利吗？现在你找到了，我就是名利。”

那人失望极了，十分懊恼，心想自己用尽一生追寻到的，竟是这样丑陋的人吗？他不甘心地说道：“我跟许多人尽心尽力寻你，你为什么躲在幽深的崖底呢？你跟我一起回到世界上去吧，让大家看看你的样子。我们为了你舍弃与家人共享天伦，舍弃追寻智慧，舍弃年富力强的时光，你必须跟我走。”但名利拒绝了他。那人没有办法，只能说：“既然如此，我也该回到本来的世界了，但是请你说一句话，让我可以向世人证明，我确实见过你。”这时，又老又丑的名利抬起头，对他说：“去告诉人们，‘名利’青春而且貌美，得到‘名利’就能得到天下的幸福。”

人生在世经历劳苦，担负重任，为钱财、事业奔忙一生，到生命的最后一刻，似乎也没找到幸福的答案。追逐名利是一场骗局，可悲的是人人都曾陷入其中，被名利愚弄，倒头来终是一场空。人们就像蜜蜂一样，四处飞舞，痴迷忙碌，最终是“采得百花成蜜后，为谁辛苦为谁甜”。

老子在《道德经》中阐释了这样一个基本哲学：“吾所以有大患者，为吾有身，及吾无身，吾有何患？”南怀瑾先生一句“终归诗酒田园”也是在劝告世人，当你不再计较名利得失，身上就会少一重枷锁，更能自由自在。天高随我飞，地阔任我行，没有什么能够阻挡前行的脚步，不在意名利，才能获得真正的幸福。

·2·

谈成败：成有因，败亦有因

心灵的境界，决定人一生的成败。

——南怀瑾

“致虚极，守静笃；万物并作，吾以观复。夫物芸芸，各复归其根。”《道德经》中的这句话似乎在说是非成败冥冥中自有天意，世间万物往复循环，那么一切因果自然隐藏在这天意之后，引导着风云变幻。所谓因果，“因”就是一个人面对事情时做出的选择，人的选择决定了方向，让事物朝着未知的方向发展着。而影响选择和细节的关键，就是人心灵的境界。

因果蕴藏在选择之中

南怀瑾先生在谈到成败时，曾说过这样一段话：“功业见乎变，建功立业，就在你一念之间的变通。一念之动有如此重要，也许是大成功，也许是大失败，没有中庸路线。”这就是选择的力量，古今中外的名人们之所以成功，很多是得益于正确的选择。

1935年，意大利的一个普通家庭迎来了一个新生命，这个开着面包房的歌剧迷父亲为他的儿子起名为帕瓦罗蒂。帕瓦罗蒂在面包的香甜与歌剧的优美中度过了自己的童年，也正是在父亲的熏陶下，他爱上了唱歌，并渐渐显露出在这方面的天赋。

成年后的帕瓦罗蒂考上了一所师范院校，并拜阿里戈·波拉为师，跟他学习专业的歌剧。但是他又很想成为一名教师，这样可以天天跟孩子们在一起。于是苦恼的帕瓦罗蒂去征询父亲的意见，父亲回答他："孩子，如果你同时坐在两把椅子上面，你就会从椅子中间掉下去。"

听了父亲的话，帕瓦罗蒂经过认真思考选择了教师，但是在教学中，他渐渐感到力不从心，孩子们并不服从他的教导，反而一直跟他捣乱。帕瓦罗蒂并没有坚持太久，他辞去学校的工作，专心投入到歌唱事业中去。

然而歌唱事业并不是一帆风顺，他从十七岁开始随合唱团演唱，二十四岁还是默默无闻，甚至没有养家糊口的能力。祸不单行的是，在事业原本就无望的时候他的嗓子也出了问题。他不断问自己，是否自己的选择是错误的，是否自己的坚持是无益的，但是他始终没有想过放弃。

几个月后，事情出现了转机。他在一次比赛中名列前茅，引起不少投资人的注意，接着被推选参加在雷焦艾米利亚市举办的演唱活动，得到了许多好评与赞誉。第二年，帕瓦罗蒂应邀到澳大利亚演出；四年后，著名指挥大师卡拉扬亲自挑选他担任《安魂曲》的男高音独唱者。从此，帕瓦罗蒂的事业步步高升，逐步成为世界舞台上耀眼的明星。

在被记者问到成功的秘诀时，帕瓦罗蒂回答："我的成功在于我在不断的选择中选对了自己施展才华的方向，我觉得一个人如何去体现他的才华，就在于他要选对人生奋斗的方向。”

细节影响成败

老子有云：“天下难事，必做于易；天下大事，必做于细。”成功者往往能从小事做起，注重细节，从而比别人做得更好。日本有一个和尚，发誓要为佛祖铸造金身，于是开始着手募捐。但是遇到的第一个人就拒绝了他，和尚并不气馁，当时外面下着雨，和尚便默默跟在那人后面，一路为他撑伞。那人有些不好意思，于是给了和尚一分钱，说道：“你这样做，也只能得到这么一点钱，是没有用的。”没想到和尚拿了那一分钱，双手合十致谢道：“谁说没有用，我已经成功了，因为我刚才什么也没有，现在我得到了一分钱。只要我继续这样做下去，就一定能做成这件大事。”这位和尚最终能否完成心愿呢？答案是肯定的。因为细节影响成败，小事成就大事。

南怀瑾先生认为，一个人要想建功立业，或是做成一件事情，必须具备“人和”的条件。要想人心归向、朋友相助，必须先从“立德”开始。做人的态度、言语思想、道德行为，每样都很重要，这就是所谓的性格决定成败。

古今往来，每当谈起性格与成败的必然联系时，人们总会提起秦朝覆灭之际的刘项之争。有着赫赫威名的西楚霸王项羽，因为优柔寡断的性格断送了自己称帝的前程，如果鸿门宴他能听从左尹项伯的话，少一些妇人之仁，称霸天下指日可待。后人从历史中吸取教训，寻找自己的成功之路，从细节中寻找成败的因果关系。

成有因，我们的性格影响了判断与选择，我们的选择决定了目标与方向，如果足够幸运，能够把握住人生的一道道选择题，那么成功之路必然坦荡；败亦有因，不遵规律、刚愎自用者，必然也会得到应有的教训。

·3·
谈为政：不盈不满，雅量容天下

《道德经》七十一章谈到："知不知，上矣。不知知，病也。圣人不病，以其病病。夫唯病病，是以不病。"这句话解释起来就是，知道自己有所不知，这样的人很有智慧。不知道却自以为知道，这样的人很愚蠢。圣人通常都不愚蠢，知道自己有缺点并且及时改正，正因为很清楚自己的缺陷，因而才没有缺陷。

南怀瑾先生在《老子他说》中将这一论点引到为政上，认为世上很多人天生拥有聪明智慧，但其不能轻易用个人的智慧和能力处理天下大事，其更需要博采众议、集思广益，采纳各方面的意见之后再取裁定夺，否则就会成为骄傲自满、刚愎自用之人。所谓拥有大智慧的人，都应该知道自己其实与普通人一样，都有优点和缺点。世上没有十全十美的人，只有承认自己的不足之处，才能领导各方，完成伟大的事业。

知不知，故而不病

这里所说的“知不知”，正是老子哲学思想的核心“为无为”，二者同根同源，是同一个道理。那些善于运用众人智慧和长处、积极入世而成就不朽的功勋伟业的人算是拥有大智慧的。通常来说，一个国家的当政者如果能认识到政治上的弊端和劣势，能够虚心采纳多方面的合理建议，努力完善自身，这才是“知不知，故而不病”。

南怀瑾先生举例说明，中国历史上第一个平民皇帝是汉高祖刘邦，他打天下时非常注重运用人才，挖掘每个手下的优点，齐心合力完成大业。从表面看来，刘邦似乎是个宽容平和、大而化之的人，而实际上他十分有谋略。他在统一天下、登上皇帝宝座以后，很坦白地说：“在军中运筹帷幄，战场上决胜千里，我远远比不上张良。镇守国家，安抚百姓，供应饷馈，不绝粮道，我的能力比不上萧何。统领百万大军，战无不胜，攻无不克，我万万比不上韩信。这三位都是人才，因为我懂得让人才发挥能力，所以我能取得天下。项羽身边虽有一范增，却不能加以重用，所以他败给了我。”刘邦能看到自己的缺点和长处，又清楚对手的失误之处，知己知彼，百战不殆，这才是为政者的大智慧。

雅量可容天下

政治家的胸怀和肚量是成功的关键，管仲曾对齐桓公说：“君若欲治国强兵，则需要设立外交使臣，管田地的司田，管军事的司马，监管法律的司理，以及负责谏言和弹劾的谏官。但是若欲称霸天下，有管仲在此。”管仲自认有超于常人的雅量，可以海纳百川，后来果然协助齐桓公成就霸业，“一匡天下，九合诸侯”。

唐太宗李世民是一个为人称道的皇帝。有一次，李世民虚心求教大臣魏征如何分辨明君与昏君。魏征答道：“兼听则明，偏信则暗。昔尧清问下民，故有苗之恶得以上闻。舜明四目，达四聪，故共、鲧、驩不能蔽也。秦二世偏信赵高，以成望夷之祸；梁武帝偏信朱异，以取台城之辱；隋炀帝偏信虞世基，以致彭城阁之变。是故人君兼听广纳，则贵臣不得拥蔽，而下情得以上通也。”

李世民牢牢记住了魏征的这番话，并在执政中加以实践。当时李世民命官员整修洛阳行宫的乾元殿，方便将来巡视私访。就这样一件小事，却遭到一个小官的反对。这名小官名叫张玄素，他在给皇帝的奏章中斥责道：“修了阿房宫，秦朝亡了；修了章华台，楚国亡了；修了乾元殿，隋朝亡了。这桩桩件件都是历史的教训。现在我朝百业待兴，国力连隋朝也比不上。如果现在继续大兴土木，奴役百姓，岂不是比隋炀帝还不如？皇帝没有继承前代帝王的长处，却继承了他们的弊端。”

这道奏章言辞犀利，竟然把李世民比作亡国之君，所有人都替张玄素捏一把汗。但意料之外的是，李世民没有发怒，反而传召张玄素觐见。在大殿上，李世民当着文武百官的面问张玄素：“卿说我不如隋炀帝，那比之夏桀、商纣如何？”张玄素面无惧色，直接回答：“如果您修了乾元殿，那就和夏桀、商纣一样昏庸。”李世民听后感触颇深，立即下令停止修缮乾元殿，并重赏张玄素。魏征听说这件事后感慨道：“张公有回天之力，完全是因为有明君在啊。”

除了善于纳谏，李世民还能做到有错就改。有人进献一只鹞鹰给他，他很喜欢，于是放在手臂上赏玩，不料遇到了魏征。李世民想起魏征曾经进言，让他效法古代明君，不可玩物丧志，于是赶忙把鹞鹰放进衣袖。没想到魏征早已看到一切，拉着李世民历数安逸亡国的例子，最后鹞鹰竟然闷死在衣袖中。但李世民知道是自己的过错，并不迁怒于魏征。

兼容并包，虚心接纳意见，这是李世民的立国理念，也是他个人的成功之处。最终唐代兴盛，政治清明，国力强盛，威名远扬，成就了著名的“贞观之治”。

南怀瑾先生认为，能够透彻明白这些道理，用在济世之功的，千古以来，宰辅莫过于管仲，帝王莫过于唐太宗。管仲之所以能辅佐齐桓公，建立霸业，并非偶然，因其倡导“爱民治国”，对意见兼容并包，是一个有大智慧的人。而唐太宗以帝王之位礼贤下士，不耻下问，严守明君之德，则更为不易。这都是为人谦逊谨慎、虚怀若谷的表现。正所谓不盈不满，雅量可容天下。

·4·
谈人生价值：莫以身轻失天下

当机能立断，遇乱能慎行，忍辱能负重，坚忍能守恒。

——南怀瑾

《道德经》中“圣人终日行而不离辎重”中的“辎重”指的不是身外之物，而是老子心中的人民与社稷，圣人背负国计民生才可以真正称之为圣。南怀瑾先生也指出，“应该有为世人与众生，挑负起一切痛苦重担的心愿，不可一日或离了这种负重致远的责任心。这便是‘圣人终日行而不离辎重’的本意”。

身轻失天下，自重方存身。大地无声载物，孕育万物生长，却不要求任何回报，故而要想成为圣人，应以天下为己任，肩上有重担内心才能充盈，做事才能一步一个脚印。

人生价值在于肩负责任

责任是什么？是“位卑未敢忘忧国，事定犹须待阖棺”的忧愤，是“封侯非我愿，但愿海波平”的豪迈，还是“剑外忽传收蓟北，初闻涕泪满衣裳”的喜极而泣？古今往来，那些被人称颂、流芳百世的人，都是将国家放在心里负重前行的勇士。

1275年，元军大举入侵南宋，朝廷诏令天下勤王。在此国家危亡之时，文天祥勇敢地站出来，毅然拿出自己的家产，招募士兵，组织抗击敌人。有人劝他：“敌军如此之多，凭你这点儿兵力，无异于螳臂当车、虎羊相拼啊！”文天祥说：“国家有难却无人解救，这是我最心疼的事情。如今我势力单薄，但愿为国家尽力，死而后已。”在南宋统治者投降元军后，他还坚持抗争，并且鼓励士兵们：“救国如救父母，如今母亲病入膏肓，我们也应当尽力施救，怎能不管不顾呢？”之后兵败被俘，忽必烈爱惜人才多次招降，而他毅然走上刑场，留下绝唱振聋发聩、警醒世人：人生自古谁无死，留取丹心照汗青！

这是文天祥的责任，也是无数仁人志士的选择，前有明末夏完淳，后有清末谭嗣同，他们用鲜血成就了宁折不弯的品格。但是也有人选择卑微地活着，不是不想死，而是不能死，要活着施展抱负，活着东山再起，活着为更多的人。

春秋末期吴国著名的军事家、谋略家伍子胥就是这样一个人。伍子胥的父亲名叫伍奢，是楚国太傅，遭人诬陷而被囚禁。当时的执政者楚平王命伍奢写信给伍子胥及其兄长伍尚，让其前去营救。伍子胥料到楚平王定会杀害他们，于是劝哥哥不要去，但是伍尚不忍父亲被杀执意前往，果然去后不久就被杀害。伍子胥也被世人诟病背信弃义，他背负着骂名与屈辱，去国离家奔赴宋国，但因宋国内乱只好流亡郑国和吴国，其间楚平王四处张贴他的画像缉拿他。

在吴楚边界的昭关，伍子胥因为忧思一夜白头，在朋友的帮助顺利躲过盘查。为了生计，他一路乞讨；为了活命，他受尽屈辱。当他相助夫差大败楚国，破楚首都郢后，终于为父亲兄长报了仇。太史公司马迁评价他："弃小义，雪大耻，名垂于后世，悲夫！方子胥窘于江上，道乞食，志岂尝须臾忘郢邪？故隐忍就功名，非烈丈夫孰能致此哉？"在最屈辱的时候也没有忘却身上背负的责任，想必这就是南怀瑾先生赞赏的男儿品质——忍辱能负重，坚忍能守恒。

负重才有价值

儒道思想赞赏"终日行而不离辎重"的品格，而佛教的释迦牟尼则从另外一个角度教导世人"负重而行"。有两个空口袋想站起来，便一同去请教佛祖。佛祖说，要想站起来，有两种方法，一种是得自己肚里有东西；另一种是让别人看上你，一手把你提起来。于是，一个空口袋选择了第一种方法，高高兴兴地往袋里装东西，等东西快装满时，袋子稳稳当当地站了起来。另一个空口袋则舒舒服服地躺了下来，等啊等啊，终于有一个人在它身边停了下来。那人弯腰把空口袋提起来，见里面什么东西也没有，便一挥手把它扔了。

不"负重"，永远不能靠自己的力量行走，即使走也并不会长远，因为"肚子里没东西"，一阵风就能吹跑。而且不"负重"，人生中缺少经历，缺乏内容，也不会被世人所重视，更不会对世界产生价值，终究是一个无用无能的人。

因而，所谓的人生价值，便是要让自己的肩膀上承担起应有的责任，心中存留责任意识，成为对社会有用的人才。而那些碌碌无为、徒劳无功的所谓“清闲者”，不过是一具不承担责任的行尸走肉，只能任岁月摧残、时光侵蚀，留下来的不过是唏嘘而已。

·5·
谈诱惑：花花世界奈聋盲

像我们这一时代的人，以现代人的眼光来看，大半是由古老的农村社会出身，从半落后的农业社会里长大，经过数十年时代潮流的撞激，在艰危困苦中，经历多次的惊涛骇浪而成长，从漫长曲折的人生道途上，一步一步走进科技密集、物质文明昌盛的今日世界。回首前尘，瞻顾未来，偶尔会发出思古之幽情，同时也正迷醉于物质文明的享受。

——南怀瑾

老子说：“五色令人目盲，五音令人耳聋，五味令人口交。驰骋畋猎，令人心发狂。难得之货，令人行妨。是以圣人为腹不为目，故去彼取此。”这句话是说五颜六色混杂在一起使人眼花缭乱，各种声音交织在一起使人听觉失灵，品种丰盛的事物使人食不知味。沉溺于狩猎使人性情狂乱，稀世珍宝使人行为不轨。因此圣人只求果腹不去追求声色犬马的娱乐，所以能够摒弃物欲诱惑而保持安定知足的心态。南怀瑾先生在解释这个章节时强调："要人们对于声、色、货、利以及口腹之欲要加以节制，不要任性自欺而上当。"

美丽的装饰物，叫作缰绳

随着科技的发展，生活中有了更加便利的电器和各种工具，先祖们曾经的艰辛生活一去不复返，但同时人们口口相传的民俗歌谣也在渐渐消失，许多传统文化和习俗正慢慢退出历史舞台。从社会发展的角度来看，这些现象是一种进步，但丰富的物质生活无疑给人们的身心套上了枷锁和缰绳，让人们失去了更多的快乐和自由。

物质文明的提高、自然科学的进步、精密科技的发展促进了声、色、货、利的繁荣。我们早已不再满足于过去自产自足的旧时光，已经习惯了五彩的霓虹并深深地依赖它们。因此，南怀瑾感慨道："常常使人低徊有感，不胜惆怅。由机器人来治事的日子，快要来临，甚至说，与外星人的交往，也不是幻想的虚言。那么，反观我们今日的人样，真真假假，也就不足为奇，只当大家都在活世的大银幕上一番表演而已。"

我们不想也不能做一个按部就班的表演者，那么面对世界的诱惑到底该怎么做呢?

有这样一个故事：在一望无际的大草原上有一匹野马，它每天随着太阳的升起而醒来，去清澈的湖水里玩耍，无拘无束地奔跑，饿了就去找最丰美的牧草，累了就在大地母亲的怀中安眠。有一天，草原上来了一群奇怪的生物，他们身子直起来用两条腿走路，随他们来的还有好多马。野马好奇地走过去观察它们，发现每匹马身上都有美丽的装饰物。野马看看自己光秃秃的背和脖子，除了毛发什么也没有，很羡慕它们，忍不住接近，想要看得更仔细一些。那些马受到惊吓，连连后退并且嘶叫起来。马儿的叫声引来了人们，人们发现了那只漂亮又健美的野马，但是不知道该怎么捕捉它。

野马被人们手中的绳索惊到了，它知道这些人不怀好意，可是又舍不得离开，舍不得那些精美的装饰物。人们看出野马留恋的东西，于是拿出美丽的装饰物来引诱它、靠近它。野马完全被人们手中漂亮的东西所吸引，它放下戒备，走进人类的圈套。刚开始它还试着反抗，但是当那装饰物戴在自己身上时，野马束手就擒，安静了下来，也永远失去了自己的湖水和草原。

这种美丽的装饰物是束缚自由的缰绳，当我们选择了繁华的物质生活，也许就陷入了身不由己，为面子不得不整日应酬，周旋于各种关系之中。我们获得了丰厚物质，却失去了独立精神；我们获得了安全感，却失去了个性与自由。

小心致命的诱惑

诱惑有的时候十分危险，生活中我们总是觉得自己拥有的太少，会看到别人有而自己没有的东西，于是会羡慕、会渴望，甚至因此而嫉妒发疯。有的人铤而走险，有的人不择手段，而费尽心思得到这些东西，对他们来说不一定是福气，反而是灾祸的开端。

有一个匪徒在山里抢劫一个珠宝商人，商人立刻逃到山洞里躲避，匪徒也跟了进去，并在山洞深处抓住了商人，抢走了他的珠宝和手电。山洞里十分黑暗，没有一丝光亮，匪徒庆幸抢了手电，于是照着亮光去找出口，但却因走错了方向，越走越深，最后饿死在山洞里。商人没有光亮，只好摸黑去找洞口，每当发现前方更黑的时候就换一个方向，终于捕捉到一抹非常细微的光亮，顺着往外走并最终逃离了山洞。

这个故事的结局是，在黑暗中摸索的人逃离了黑暗，有光线照明的人却永远留在黑暗里。世间许多事情都遵循这个道理，我们总想要得到更多，不愿意失去，但却不知道，有时候失去和匮乏是一种自由，会让我们有更好的结局。

因此，面对诱惑我们要考虑清楚，是否有能力拥有，是否应该拥有，应该怎样拥有，得手之后要承担什么样的后果，将此物收入囊中是否值得，是否会打乱原本的计划。总而言之，面对花花世界的诱惑，孰轻孰重，三思而后行。毕竟我们的生命有限，可以拥有的东西、承受的重量都是有限的，不自量力只能是自食恶果。

·6·

谈操守：濯足浊流人自清

人格堕落、没有操守的人，是永远也不可能成就伟大的事业的。

——南怀瑾

老子曾质问："唯唯诺诺与慷慨直言有多大区别？美好与丑恶又有什么不同？"老子认为，人人都畏惧令人惊恐的事物，自古以来皆是如此。人们每天一副兴高采烈的样子，好像去参加盛大的宴会一样，对任何东西都充满好奇。而真正的得道者却淡然冷漠，无动于衷，混混沌沌如同刚出世的婴孩，十分懒散又好像没有归宿的浪子。

人们拥有太多的东西就会身心俱疲，而得道者什么也没有，只想拥有一颗愚钝的心。他们在众人高声炫耀时昏昏沉沉，在众人严厉苛责时宽宏朴实；既可像大海般波涛汹涌，又能像云朵般漂泊无依。这世上人人聪明睿智，唯独得道者愚昧笨拙。因而得道者与世人不同，因为他得到了"道"。

"道"是什么？道是由浊到静，由静到清，先是修定的功夫，久而安于本位，直到超越时间空间的范围。儒家的曾子也曾提到过类似的概念，即《大学》里提到的“知止而后有定，定而后能静，静而后能安，安而后能虑，虑而后能得”。

道之清浊

南怀瑾先生在强调“道”的同时，还提到要认清一个观念，即什么是“清”，什么是“浊”。佛学在《阿弥陀经》中有“五浊恶世”之说。因此，我们也常称这个世界为“浊世”，形容一个年轻人英俊潇洒时，就说他是“翩翩浊世之佳公子也”。

既然处于浊世，我们就应当“自清”。出淤泥而不染是自清，遗世独立是自清，众人皆醉我独醒是自清，做到洁身自好，在乱世中保持良知，不找借口去做错事，也是自清。

战国时期，楚国三闾大夫屈原因不愿意像朝中其他大臣一样贪污受贿而受到排挤，接着被人诬陷怀有异心而遭到流放。但是他并不因遭受不公待遇而感到怨恨，而是一心牵挂朝政。一天他走在江边被一名渔夫认出来，渔夫见他潦倒的样子惊讶地问：“屈大夫您怎么沦落到这样落魄的地步呢？”

屈原长叹一声，回答道：“这个世界中的每一个人现在都像这江水一样浑浊，只有我像泉水一般清澈见底。”渔夫听了他的话，感慨不已：“世道既然浑浊至此，你何不顺其自然，何苦洁身自好落得如此下场。”屈原说：“就像一个人戴帽子前要弹去帽子上的灰尘，穿衣服前要熨平衣服一样，我怎么能让自己干净的身体被脏东西玷污呢？”渔夫听完屈原的这番话对他肃然起敬，于是划着船离开了，这个故事也随着渔夫的歌声传遍大江南北。

众人皆醉我独醒

世界上有一些人，他们目光短浅，思想狭隘，总是将个人利益放在首位，只想保持自己的地位，不管别人怎么活，不管国家如何长治久安。这样的人在任何时候都会出现，他们抱着“人不为己，天诛地灭”的人生守则苟且地活着。好在也总有一些正直的人，他们先天下之忧而忧，在众人沉沦的世间里仍然保持清明的心灵，人类之所以不断进步，之所以相信良知，之所以生生不息就是因为有他们的存在。

东晋末年是一个乱世，传统豪门与新兴贵族为了各自利益大量囤积土地，致使众多下层百姓失去土地，沦落为官宦乡绅的佃户，生活穷困窘迫。农民们不堪重负，各地起义不断，军阀割据，民不聊生。出身没落贵族的陶渊明在这样混乱的背景下出任江州祭酒一职，但是没过多久，因为看不惯官场上的政治倾轧，他便“不堪吏职，少日自解归”了。

几年后，江山易主，四十一岁的陶渊明在朋友的劝说下再次出任彭泽县令。上任两个多月后，浔阳郡派遣督邮刘云来检查公务，这个刘云既凶狠又贪婪，以巡视为名向辖县索要贿赂，如果不从便对其栽赃陷害。有人提醒陶渊明应当穿戴整齐，备好礼品，恭恭敬敬地去迎接督邮。陶渊明叹道：“我岂能为五斗米向乡里小儿折腰。”说完，挂冠而去，辞职归乡。此后，他躬耕陇亩，写下了无数脍炙人口的田园名篇。

无独有偶，明代的于谦也是这样一个不“为五斗米折腰”的人。于谦历经明宣宗、英宗、景宗三朝。当时官场黑暗，营私舞弊、贪赃受贿成风，朝中大宦官王振专权，骄横跋扈，贪赃纳贿，规定地方官进京或京官奉差外出回京都须向他献纳贡品礼物，如若不然，就会对其进行种种打击和排挤。于谦对王振这种不法行为早已十分厌恶，他当兵部侍郎时有一次巡抚河南，回京之时，有人私下劝他带些当地的土特产品送给权贵们做个人情。于谦听了哈哈一笑，当即展纸挥毫，赋诗一首："绢帕茹蘑与线香，本资民用反为殃。清风两袖朝天去，免得闾阎话短长。"

好一个两袖清风，这清风可吹去人们心头贪欲，吹遍朝野，温暖百姓，它向世人传达着亘古不变的品质：濯足浊流人自清。

·7·

谈军事：不战而胜，轻敌致祸

真要做到庄严而艺术的人生，就不要忽略每一件小事，也就是不可以轻敌。

——南怀瑾

《道德经》里讲："攘无臂，执无兵，扔无敌。"南怀瑾先生在这里拿太极拳做了例子，他说太极拳看似柔和，但"攘无臂"，不用胳膊使劲，就能将对方挡开；"执无兵"，太极拳不需要使用兵器；"扔无敌”，可以轻易将人扔出去，而对方还茫然不知，这才是善于运用拳法。一挤一按之间，一转一扭之后，完全将对方的力量卸开，这才是真功夫，让人看不出来其中的道理，因而无人可敌。

从太极拳的对敌原理中，南怀瑾先生总结出，如果把敌人推开了，别人还没看到你用的手法，甚至不知道是如何被你推开、被你打败的，这就是功夫的最高境界，也是必胜的至高谋略。

以智执兵，不战而胜

太极拳的功法是一种高超的智慧，“执无兵”，“兵”是指武器，手里没有武器，却仿佛拿着武器一般，是一种无形武器。武侠小说中常出现一种“无影神剑”，没有影子，也没有痕迹。在现实中这种无形武器可以说就是聪明才智，凭借自己的机敏可以做到洞察人心，不战而胜。

三国时期，诸葛亮因错用马谡而失掉街亭，魏国大将司马懿乘势率领十五万大军向诸葛亮所驻守的西城进军。当时，诸葛亮身边只有一班文官，城中驻守的士兵不过两千五百人。司马懿带兵前来的消息传来，所有人都大惊失色，纷纷建议弃城撤退。诸葛亮微微一笑告诉大家不必惊慌，两千人足矣，按计划行事，司马懿必退兵。

众人按照诸葛亮的命令，隐藏旌旗，又叫士兵把四个城门打开，每个城门口派二十名士兵扮成百姓模样，洒水扫街。诸葛亮自己披上鹤氅，戴上纶巾，领着两个小书童，燃香弹琴，静静等待司马懿的到来。

司马懿的先头部队到达城下，见了这种阵仗，不敢轻易入城，于是急忙返回禀告司马懿。司马懿听后，笑着说：“这怎么可能？”于是便令三军停下，自己飞马前去察看。到了离西城不远的地方，他果然看见诸葛亮端坐于城楼之上，面带笑容，悠闲地拨弄着琴弦。他的两个小书童一个持剑，一个拿拂尘。城门里外，二十多个百姓在低头洒扫，一派安宁祥和。司马懿看后，疑惑不已，命令大军撤退。他的二子司马昭说：“莫非是诸葛亮家中无兵，所以故意弄出这个样子来？”司马懿说：“诸葛亮一生谨慎，不曾冒险。现在城门大开，里面必有埋伏，我军如果进去，正好中了他们的计，还是快快撤退吧！”司马懿撤兵后，诸葛亮的士兵问道：“司马懿乃魏之名将，今统十五万精兵到此，见了丞相，便速退去，何也？”诸葛亮回答说：“兵法云，知己知彼，方可百战不殆。如果是司马昭和曹操的话，我是绝对不敢实施此计的。”

正是因为司马懿认为诸葛亮一生谨慎，不肯冒险，才会被诸葛亮反过来利用，摆了“空城计”。从这个故事来看，不战而胜的法门可以用两个字概括：“攻心”。

祸莫大于轻敌

《老子》中提到“祸莫大于轻敌，轻敌几丧吾宝”。“祸莫大于轻敌”，这是对敌时的一个原则性要求，南怀瑾先生对此也有说明，他认为这个“敌”字并不一定指具体的敌人，外部的情况、干扰、条件等都是敌，所以对阵之时不能轻视任何人和任何事。

能够做到不轻敌，就不会丧失宝贵的东西。凡事谨慎处理，认真对待，这样渐渐就会培养出优良的品格，当品格达到一定境界，便能做到游刃有余、战无不胜。所以老子告诉我们“祸莫大于轻敌”，如果轻敌的话，“几丧吾宝”，最后连宝贵的生命都会丧失。

《三国演义》中记载了这样一个故事：诸葛亮进川的时候，把守卫荆州的重任交给了关羽，并嘱咐他一定要联孙抗曹。可关羽骄傲自满，目中无人，没有把诸葛亮的话放在心上。

早在刘备在汉中自立为王的时候，曹操就派人联络孙权，并商议共同夺取荆州。孙权不仅没有答应，反而愿与关羽结为儿女亲家。关羽听说后对使者说：“我的虎女怎么能嫁给他那个犬子？”孙权因关羽的傲慢无礼恼羞成怒，决定趁他与曹军交战之时夺回荆州。

孙权的大将吕蒙将战士伪装成商人的模样，骗过了关羽的江边守军，顺利渡江，趁关羽毫无防备，不费吹灰之力就占领了荆州。在吕蒙渡江的同时，曹操派大将徐晃带大队人马攻打关羽。关羽兵力不如徐晃，被曹军团团包围，他带着关平、廖化拼命冲杀出一条血路，退到荆州城外的麦城。

这时，攻克了荆州的吕蒙又把麦城紧紧围住。关羽派廖化找刘备的亲信刘封求救，刘封胆小怕事，不敢出兵。吕蒙派诸葛瑾作为使者进城劝说关羽投降，关羽拒绝道：“你要不是诸葛亮的哥哥，我早就把你杀了!”

吕蒙看关羽拒不投降，于是加大兵力继续攻打。关羽知道麦城支撑不了多久，于是安排小部分人留守，自己带领两百名士兵从北门冲了出去，不久后在山谷里遭到袭击，成为孙权的俘虏。孙权想要招降关羽，反而被破口大骂。主薄左宪对孙权说：“曹操当年如此礼待于他，他却无动于衷一心辅佐刘备，你觉得你能留住他吗？不如除之而后快。”于是孙权听从了左宪的建议将关羽处死，一代英雄就此陨落。

细查关羽的一生，极少有败绩，被称作忠勇英雄，颇受人爱戴敬仰。但他后期生出骄傲之心，刚愎自用，对战东吴时没有谨慎部署，屡次轻敌，以致走上了覆灭的道路。

因而，在军事对抗中，轻敌是最大的忌讳，将领若轻敌，军队便不战而败；君主若轻敌，国家则不战而亡。

·8·

谈军事哲学：以道佐人主者，不以兵强天下

“人不犯我，我不犯人，人若犯我，我必犯人。这是谈军事应坚守的一项原则。”

——南怀瑾

《道德经》三十章提到：“以道佐人主者，不以兵强天下。其事好还。师之所处，荆棘生焉。大军之后，必有凶年。善有果而已，不敢以取强。果而勿矜，果而勿伐，果而勿骄，果而不得已，果而勿强。物壮则老，是谓不道，不道早已。”

单单从“以道佐人主者，不以兵强天下”两句来看，老子想要告诉统治者，凡是以道治理国家的君主，不必动用武力去征服天下。凡是用武力

赢取天下的，必定不会走得长远。因为凡是军队交战过的地方，生产力定会遭到极大的破坏，所以善于用兵的人只会用兵力去达到自己的目的，而不会逞强。达到目的后不自矜、不滥杀、不轻敌，动用武力已经是不得已的选择，所以一定不要再逞强。物极必反，争强好胜不合于“道”，一定不会有好的结果。

以道为佐，不轻易犯人

南怀瑾先生认为，军事战争不是为了侵略和征服，更多的是为了防御。如果别人不欺压我方，我方也不该用征战的手段去挑衅别人。

战国时齐国宰相晏子就深谙这个道理。一日，齐庄公与晏子下棋，晏子只用了很短的时间就占尽优势，吃了庄公不少棋子，但两人继续下了几步棋后，棋局却发生了变化，庄公最后转败为胜。

齐庄公疑惑地问晏子：“为什么这局棋你开始领先，后来却频频失误，最后输给我了呢？”晏子手指着棋盘说：“下棋同治理国家一样，细观局势，我已无力胜任相国的重任了。”庄公听后大吃一惊，忙问晏子为何。

晏子说：“近年来，由于您偏爱武将，他们滋长了骄傲的情绪，继而打压文臣，欺压百姓，闹得朝政乌烟瘴气，许多有才干的文臣得不到重用，官气民风越来越差，若这些人不加以约束，势必会闹出乱子来。”齐庄公听后辩解道：“从古至今，哪一个国家不是靠武力安邦治国呢？”晏子说：“夏朝末年，有推移、大戏这些武夫，殷朝末年有勇士弗仲，这些人力大无穷，有万夫不挡之勇，可他们却无法挽救夏桀、殷纣的灭亡。夏商的覆灭告诉我们一个道理，光靠武力是行不通的。”

庄公仔细体味晏子的话，认为很有道理，于是下令以后省刑轻赋，息武昌文，实施仁政，以固国本，齐国的国力也日渐昌盛。

“国虽大，好战必亡”，能用政治手段解决的就不必诉诸于武力解决，这样百姓安康，国家自然昌盛。

武力收放自如，国家长治久安

从军事哲学来看，南怀瑾先生认为老子的战争观念十分独到，纵观老子的一生，他也是从戎马倥偬之中走过来的。自周宣王继位起，老子就跟随军营征战的步伐走南闯北。在鞍马劳顿的军旅生涯中，老子度过了四十三年。对于老子而言，他反对战争，但是并不畏惧战争，因为他知道，只有将武力收放自如，才能使国家安定。

南怀瑾先生说：“一将功成万骨枯，都结束于有果而已，即达到目的就按兵休战，决不超过其目的一步。”这也正是遵守人不犯我，我不犯人的原则。老子一句“物壮则老”，道尽了天下众生生长、发育、死亡的规律。这个规律不仅适用于大自然，同时也适用于整个社会与人生。生老病死围绕着人类不停地循环，各朝各代兴起繁盛灭亡，也正如自然界的动植物一般。

有一天魏武侯问大臣李克：“吴国曾经非常强大，为什么后来却灭亡了呢？”李克回答说：“臣认为，吴国之所以灭亡，是因为经常发动战争，而且每次战争都取得胜利。”魏武侯十分不解，又问道：“每次战争都取得胜利，难道不好吗？这说明国家强盛啊，逢战必胜，这样的国家一定越来越强大，怎么会因为这个原因覆灭了呢？这又是什么道理？”

李克回答说：“因为吴国常常打仗，所以军队劳累不堪，老百姓供应财物粮草疲于奔命。而且每次打胜仗，吴王都更加骄傲自满，得意洋洋，不满足已经取得的胜利，还要继续发动战争。这样一来，军队就更加劳累，百姓也更辛苦，造成了恶性循环。吴王的恣意妄为终会造成国库空虚，粮草匮乏，那么吴王就会想尽一切办法掠夺财物，增强军队实力。老百姓渐渐就会叫苦连天，心怀怨恨，不愿意安心生产劳动，加上一些天灾人祸，百姓的日子越过越苦，就会萌生谋反叛乱的念头。因此，这样的国家不能长治久安，必定会走向灭亡。正因为从君主到普通百姓都走上了极端的道路，所以吴国灭亡是早晚的事。吴王夫差最后在干隧上吊自杀，想必他临死也明白是什么原因吧。”

魏武侯说：“你说得很有道理，原来屡战屡胜也会导致灭亡啊。”李克继续说：“一旦功成名就，就应该全身而退以自保，这才是真正的天道作为。一个君王不懂得急流勇退，就是逼迫百姓的性命，如果连百姓的安危都不顾，又怎能指望百姓保全自己的国家呢？为国当政者，一定要切记这个道理。”

因而我们应当明白，人生的节奏张弛有度，这才是健康保身的道理；国家的武力收放自如，才能得到长治久安的结果。遇事不走极端，见好就收；凡事把握分寸，谨慎行事。了解世间万物的规律，不打破自然发展的规则，要知道，光芒的背后就是黑暗，山顶的下面就是悬崖。事情做得恰如其分，就会否极泰来；如果做得过分了，就会陷入万劫不复的深渊。

·9·

谈处事原则：出世心境入世行

老子所说的这种处世哲学、人生态度，除了我们传统文化中真实笃信道家的神仙们，用之在一般社会的人群，是不可能的。如果要找出这种榜样，当然，在历代道家《神仙传》里，却多得很。不过，都像是离经叛道，古里古怪，不足为法。其次，只有近似道家的隐士、高士们，介于出世入世之间的，却可在《高士传》里找出典型。

——南怀瑾

“出世心境入世行”从字面上来理解，就是怀着出世的心态在凡俗中生活。类似于《道德经》中提到：“小隐于野，中隐于市，大隐于朝。”正所谓小者隐于野，可独善其身；中者隐于市，可保家保族；大者隐于朝，保身保家保社会。

南怀瑾先生认为，出世离尘不易，若是能在山林荒野处苦修一世倒也罢了，如果在尘世中隐居，难免被人间烟火所染，为各种情感所缠。所以在尘世中保持出世心态的人，着实难能可贵。

出世的心境

南怀瑾先生认为，出世与入世相反，入世是积极作为，追求功成名就，为国为民；而出世多是为修身养性，保全自身的自由和安宁。在《老子他说》里，他举了许多古人出世隐居的例子。

严光，字子陵，是汉光武帝刘秀年轻时的朋友。刘秀做了皇帝以后，非常怀念这位昔日好友，认为他有政治才能，因而派人到处查访，希望他能在朝中做个大官。严光喜欢自由自在，不想卷入政治当中，因此避而不见，悠游四方。他反披羊裘，在浙江桐庐的富春江上垂钓，作风很像老子所说的："众人熙熙，如享太牢，如登春台。我独泊兮其未兆，如婴儿之未孩。"后来，他与刘秀见了面，但是脾性仍如年轻时一样，与皇帝同榻而眠时更把脚搁在刘秀的肚子上，放任而为。

刘秀见他如此，知道他对政治不感兴趣，便不再强迫他作官，任他继续悠游自在，过江上垂钓的日子。相传后世有一位上京考功名的秀才，路过严子陵的钓台时题诗一首："君为名利隐，我为名利来。羞见先生面，夜半过钓台。"严光在皇宫里那么自如，是因为他看透了权力与生命的关系，虽在俗世当中，仍然有出世的心境，而且不畏不惧，无牵无挂，心中淡然。

悲天悯人的出世者

南怀瑾先生认为，古代出世隐居的人并不都是两耳不闻窗外事的，他们心存大善，有一种悲天悯人的精神。

陈抟生于唐末五代末世，道号希夷，被道家推为神仙的祖师，民间称他为陈抟老祖。他一生不关心世事，高卧华山隐居修行。后来宋太祖赵匡胤在陈桥兵变，黄袍加身做了宋朝皇帝，他听到这个消息时，十分高兴地说，从此天下可以太平了！

因为陈抟很支持赵匡胤建立新朝，所以赵氏兄弟都很尊重他。后来赵匡义继哥哥之后当上了皇帝，还特别召见陈抟，请他到宫中赠予金银财宝，又派人送去几位宫女侍候他。结果陈抟把钱财和宫女全数退回，并做了一首诗："冰肌为骨玉为腮，多谢君王送到来。处士不生巫峡梦，空劳云雨下阳台。"

陈抟是出世隐者，关心天下百姓的疾苦，但对于世间荣华富贵、香车美人却不感兴趣。他为世道兴衰而忧悲，如老子一样："我愚人之心也哉！沌沌兮，俗人昭昭，我独昏昏。俗人察察，我独闷闷。"表面上是远离俗世，不染红尘之事，其实却是悲天悯人，心胸旷达，以己之情度天下人之心。

我们生活于这个世界，行走于浊世之中，虽不能像隐者一样避开凡尘，但却不必畏惧外界的风霜，保持一种出世的心境，坚守内心的良知和自我，是非分明，悲天悯人，便能真正做到"出世心境入世行"。

·10·

谈道法自然：道常无名，朴实无华

一切本来就是如此，一切法便是一切法的理由，更没有什么其他原因不原因的，这样就叫“法尔如是”。从“法尔如是”来看“道法自然”，最清楚不过了。“道法自然”，而“自然”自己本身原来就是如此这般，没有别的规范可循，再也找不到一个东西可以另为之主，“道”就是“自然”。

——南怀瑾

老子说：“有物混成，先天地生。寂兮！寥兮！独立而不改，周行而不始。可以为天下母，吾不知其名，字之曰道。”“道”清虚寂静，广阔无边，没有形象和声色，永远看不见也摸不着。它超越一切万有之外，悄然自立，不动声色，不因自然的变化而变化，不因世界的生灭而生灭。

南怀瑾先生在《老子他说》中讲：“有物混成”，这个“物”字并不同于现代人所了解的“物质”的“物”字，而是“道”的同义字。这个“道”的内涵，先于天地的存在，宇宙万物的本来就是它，包括了物质与非物质。老子用“朴”来形容“道”原始的“无名”状态。“朴”是原始质朴的“道”，是自然万物发展变化的规律。它是无形的，是隐而不可见的，人们无法用感官证明它的存在。它一直默默无闻，甚至不被人重视，但天地万物都受到它的支配。

道法自然，法尔如是

所谓“道法自然”，就是自自然然即谓之道，若不如此，便不是道了。普通的人，照修炼神仙的人来看，都是凡夫俗子。然而凡夫俗子只要能做到在日常生活中一切听从自然，便不离道了。

有这样一个故事：一个农民从洪水中救起了他的妻子，他的孩子却被淹死了。事后，人们议论纷纷。有人说他做得对，因为孩子可以再生，妻子却不能死而复活。有人说他做错了，因为妻子可以另娶，孩子却没法死而复活。

哲学家听说了这个故事，感到疑惑不解，就去问农民。农民告诉他，他救人时什么也没想。洪水袭来，妻子在他身边，他抓起妻子就往山上跑，待返回时，孩子已被洪水冲走了。

自然是一种最睿智的生活方式，这个农民如果进行一番抉择的话，事情的结果会是怎样的呢？洪水袭来，妻子和孩子被卷进旋涡，片刻之间就会失去性命，哪有时间进行抉择？这与南怀瑾先生的看法是一致的，“道法自然”道本来就是如此，正如佛家的名词“法尔如是”，说明诸法本身就是这个样子。为什么这样选择呢？因为一切本来如此，一切法便是一切法的理由。

人心随着年龄、阅历的增长而越来越复杂，但生活其实十分简单。保持自然的生活方式，不因外在的影响而痛苦，便会懂得生命简单的快乐。许多时候，我们并没有机会和时间进行抉择。人生的抉择是最困难的，也是最简单的，困难在于你总是把抉择当作抉择，简单在于你不去考虑抉择问题，遵循生命自然的方式，答案自会浮现。

道朴实而无华

“道”存在于万事万物的本性之中，朴实无华。而人们往往茫然地苦苦寻找，但却不知，众里寻他千百度，蓦然回首，那“道”却在灯火阑珊处。

一个人被烦恼缠身，于是四处寻找解脱的秘诀。有一天，这个人来到山脚下，看见绿草丛中有一个牧童骑在牛背上，吹着横笛，逍遥自在。他走上前去问道：“你看起来很快活，能教给我摆脱烦恼的方法吗？”牧童说：“骑在牛背上，笛子一吹，什么烦恼也没有了。”他试了试，却无济于事。于是，他又开始继续寻找。不久，他来到一个山洞里，看见有一个老人独坐洞中，面带满足的微笑。他深鞠了一个躬，向老人说明来意。老人问道：“这么说你是来寻求解脱的？”他说：“是的！恳请不吝赐教。”老人笑着问：“有什么东西捆住你了吗？”“没有。”“既然没有，何谈解脱呢？”这人蓦然醒悟。

很多时候，我们何尝不像故事里的这个人一样，四处寻找解脱的途径。殊不知，并没有东西捆住你的手脚，真正难以摆脱的是困于心中的那个瓶颈。我们需要做的不是向外寻找解脱之“道”，而是向内打破自已心中的瓶颈，清除内在的污浊，这样就可以看到一片蔚蓝的天空。

所以，不要刻意追求什么，不要向生命索取什么，不要给自己设置障碍，简单而自然，那么我们本性中的“道”就会引导我们走向幸福的殿堂。

·11·
谈眼界：从观身到观天下

悟性受益于家庭，才显得略有余地；悟性受益于乡里，才会显得上升；悟性受益于邦国，才会显得丰盈；悟性受益于天下，才会显得博大。

——南怀瑾

《道德经》第四十五章提到：“善建者不拔，善抱者不脱，子孙以祭祀不辍。修之于身，其德乃真；修之于家，其德乃余；修之于乡，其德乃长；修之于邦，其德乃丰；修之于天下，其德乃普。故以身观身，以家观家，以乡观乡，以邦观邦，以天下观天下，吾何以知天下然哉。”

这段话的意思是，有能力为自己量身定做道德规范的人，永远不会动摇；能够按照自己认定的原则行事的人，永远不轻易气馁。一个人以这样的原则修身，那么他的德行就会很淳真；用这样的原则持家，德行必然是出众的；用这样的原则处理乡务，德行必然成为他人学习的榜样；用这样的原则安邦立国，德行将会更加丰硕；用这样的原则治理天下，德行便会被普及世间。

所以，从自身的修身之道来观察别人，从自家的持家之道来观察别家，从自乡的治乡之道来观察别乡，从自邦的安定之法来观察他邦，最后用平天下的道理来观察天下。一个人之所以了解天下，正是运用了以上的道理。

眼界决定见识

南怀瑾先生在《老子他说》里这样解释，一个人如果能够创立伟业，他的意志必然是坚韧不拔的。因为人的悟性由天地秉承而来，并反映到自身的修养和行动上，这是一种客观存在的事实。所以，智慧通常表现为多种目标和多个层面：以自身为目标的人，一生着眼于自己；以家庭为目标的人，一辈子为家庭忙碌；还有以乡里、国家、天下为己任的，他的视野和眼界就会在乡里、国家和天下。因此，许多伟人明白天下之理，而一般人不行，就是因为眼界不同。

他用通俗的语言总结了这样一个道理：眼界决定高度，眼界决定见识，眼界决定处理事情的方法，从而决定事情的结果。不沉迷面前的小利益，着眼于千秋万代的幸福，这样的人往往可以用一个词来形容——高瞻远瞩。

“以身观身，以家观家，以乡观乡，以邦观邦，以天下观天下”，从一身讲到天下，与儒家经典之一的《大学》中所讲的“格物、致知、诚意、正心、修身、齐家、治国、平天下”的所谓“八条目”十分相似。

而后来的庄子也说，“道之真，以治身，其余绪，以为国”。所谓为家为国，应该是充实自我，修持自我以后的自然发展，提高自己的眼界，这样才能有更高的境界。

高眼界还要脚踏实地

有这样一个故事：很久以前，在一个古老的村庄里住着一群人，由于村子里没有可以饮用的水源，他们需要到很远的河里去挑水，生活十分不便。于是村长发出通知，全村拿出一定的报酬，招募两个年轻人专门为大家挑水。这份工作很辛苦，但是由于报酬可观，因此他们干得很卖力。

其中一个年轻人想，等自己攒够了钱，就可以盖一所房子，娶妻生子，那将会是多么幸福的生活啊。另一个年轻人想，每天翻山越岭，负重而行，毫无自由和乐趣可言，根本不是长久之计。要是能将外面的河水引到山谷里来，岂不是不用挑水了吗?

一个夏日的傍晚，年轻人收工后对村长说，想开凿河，将外面的水引进村子，并希望他号召全体村民，集资修建，彻底解决饮水问题。然而让他意想不到的是，他的建议遭到了绝大部分村民的反对，他们不屑地说：“这儿的人世世代代都是靠挑水生活，从未想过从外面引水，这太不现实了。”他的同伴也好言相劝：“你还是老老实实地挑水吧。你这样异想天开，岂不是断了自己的生路。”

虽然年轻人的提议没有得到大家的采纳，但他并没有气馁。他利用空闲时间，联络了几个支持他的人，一起悄悄修建管道。几年后，与他一起挑水的那个年轻人攒够了钱，盖了新房，娶了妻子，后院里堆满了粮食。

而他仍然孤身一人，住在简陋的小房子里，因为他把所有的钱都投入到修建管道中。

就这样过了三年，他修建的管道终于连通了整个村子，河水汩汩而流，源源不断，大家喜出望外，纷纷出钱买水。没过多久，他的同伴就失业了，不得不去别的地方继续挑水挣钱；而修建管道的那个年轻人每天不用工作也有一份可观的收入。

所以，一个人的眼界决定了他的未来，眼界宽者其成就必大，眼界窄者其作为必小。在我们的现实生活中，有的人缺乏理想，不敢规划美好的未来，结果只能守着自己的“一亩三分田”勉强度日；而有的人好高骛远，不切实际，想要一蹴而就，结果四处碰壁，前途暗淡。这两种心态都不应该有。我们应该像修管道的年轻人那样，拓宽眼界，同时踏实努力地奋斗，那么事业自然会水到渠成，瓜熟蒂落。

Part 5

以“出世”的心言“入世”的道

——南怀瑾讲《庄子南华》

《庄子》是古代道家学派的经典著作之一，内容博大精深，阐释人生经历的重要法则，倡导人生修身养心之道。南怀瑾先生著《庄子南华》，以通俗生动的语言讲述《庄子》中的艰深内容，贯通经史子集，博征佛教及西方宗教观点，观点鲜明，精义迭出。其中对生命哲学中的种种思考感悟颇多，以此指导人生行动，修身养性，自由而为。

·1·

谈人生：相濡以沫，不如相忘于江湖

我们如果做鱼，宁愿在江湖里自由自在，不愿被人养着。“相忘于江湖”常常被后人引用。在江湖里怎么“相忘”呢？就是忘记了有江有湖，不受任何的管束了。所以我们所有的人都是离开了水的鱼，都是靠一口口水来滋养生命的，只有真得道的人，才是江湖里的鱼。

——南怀瑾

“相濡以沫，不如相忘于江湖”源出《庄子·内篇·大宗师》和《庄子·外篇·天运》。泉水干涸了，鱼靠唾沫相互滋养，其寓意是身处患难的环境中，用微薄的力量相互帮助。当泉水干涸，鱼被困在陆地上，相互以唾沫湿润对方求得生存，此时此境，却不如彼此不相识，各自畅游在江河湖水之中，享受自由自在的生活。庄子以鱼作例，旨在表述“道”通其变的观点。“相濡以沫”是彼此情感的牵系和不舍，而“相忘于江湖”是放弃曾经的执著，以全新的自我迎接新世界。

南怀瑾在《庄子南华》中对这句话的解释是鱼离开水便活不下去，所以相互之间只能靠唾沫依存而活，但是这样活着并不自由，所以不如将它们放入水中，放到江湖中，回眸而相忘。当人们忘记了有江有湖，便不受任何的管束，便进入一个全新的人生境界。

相忘于江湖是一种超凡的境界

南怀瑾先生对“相忘于江湖”有非同寻常的领悟，我们每个人都是离开江湖的鱼，因为缺水的缘故，我们彼此牵绊，维持相对稳定的人际关系。但事实上，鱼都渴望游在水中，自由自在，不受相濡以沫的束缚和限制，轻松又自在地活着。

鱼是一种健忘的动物，据说只有七秒钟的记忆，因而在江湖中一个转身，一个回眸，一个擦肩而过，就会彼此相忘。这是一种追求自由的境界，因为相忘，所以快乐，因为不牵绊，所以勇敢。人类虽不是鱼，但记忆也不是永恒的，时间一久，或许就忘却了故人的音容相貌，若仍要刻意不忘，就是一种放不下的执念。

对于我们而言，放下心中的执念是寻求真正自由的一种超凡境界。现代社会中的人们追名逐利，苦乐无常，烦恼与痛苦多来自于心中执念。如同纳兰性德曾经悲叹：“人生若只如初见，何事秋风悲画扇。等闲变却故人心，却道故人心易变。”执着于别人的变或不变，永远不会快乐；惦念着昨天，永远不会享受今天，向往明天。

庄子“相濡以沫”的哲学让人们放下执念，南怀瑾先生则引申了“相忘于江湖”，劝人们摆脱不必要的人际关系和身份束缚。“相濡以沫”是人际上的羁绊，看似安全可靠，实则乏味可怜；“相忘于江湖”是解开一切束缚，不必满足别人的幻想和希冀，去过自己想要的生活。

相忘于江湖是一种决绝的浪漫

电影《泰坦尼克号》中，杰克沉入海底之前告诉露丝："忘记我，快乐地活着。"在此后的岁月中，露丝活得很好，她结婚生子，成为电影明星，骑马、唱歌、旅行、养宠物……过着美满快乐的生活，一直活到百岁，直到白发苍苍，人们仍能从她脸上看到迷人的笑容。杰克送给露丝一个浪漫的决绝，露丝回报杰克一个幸福的相忘，他们的诀别感天动地，他们的相忘刻骨铭心。

鲁迅先生逝世前，躺在病床上嘱托年幼的儿子周海婴："孩子，忘记我，好好生活。"长大后周海婴念书上学，钻研理工科，在文学之外的领域获得成就。鲁迅先生的割舍是一种决绝，周海婴的忘却是一种勇气，他不必活在父亲名气的压力下，不必顾及周围众人的殷切期望，他是一条自由自在的鱼，找到了属于自己的江湖。

相忘是一种决绝的浪漫，不在乎天长地久，只在乎曾经拥有。人生苦短，快乐尤缺。在短暂的生命旅程当中，人们的相逢和相知犹如错综交叉的网线，世上没有绝对的平行线，因而也没有永远相伴的人和事。当两条线相交一处，彼此珍惜相知的一刻，随后转身离去，也是清风明月，唯美浪漫，永不牵绊，万般潇洒。

·2·

谈情绪管理：看似无情却有情

人有思想有知觉，这不是感情，这是性，本性，灵知之性；喜怒哀乐悲伤欢爱，这是情。性是能知一切的，在它上面并没有喜怒哀乐悲欢爱的。圣贤是大慈大悲的情，没有世俗的小情。心境开阔旷达，包罗天地，包罗万象，这就是圣贤的境界。

——南怀瑾

“杨柳青青江水平，闻郎江上唱歌声。东边日出西边雨，道似无情却有情。”唐朝诗人刘禹锡的《竹枝词》道出了男欢女爱、柔情蜜意的感情。人类喜怒哀乐的感情最为自然，亲情、爱情、友情、悲悯之情是我们天生具有的感情，因而我们都是“有情”之人。

对于人的有情与无情，庄子则另有高论。在《庄子·德充符》中，庄子和惠子一起讨论人的情性问题。惠子问庄子：“人是不是无情的？”庄子回答是。惠子又问：“人如果没有感情，又怎能叫人呢？”庄子说：“生命本体给了我们人的形貌，老天给了我们人的形体，怎么不叫人呢？”

庄子的意思是，一个人若想超凡脱俗，必定在外表上具备普通人的样子，而内在没有普通人的感情。外表拥有人的模样，才可以与别人和睦相处，而内在抛却人的喜怒哀乐，才不会沾染人间是非，不受凡俗琐事所累。从渺小的外表来说，属于人；从伟大的内在去讲，是能与天为友的圣人。因而，“有情之人”是庸碌之人，而“无情之人”是得道之人。

人之生也，非情之所生也

庄子谈论理想中的人格与人情，惠子未能理解，认为只要是人，就不可能做到无情。庄子解答道：“我讲的无情，是指人如果无喜无悲，便可无欲无伤，能够遵循自然而然，并非有意培植感情。道给予人以相貌，天赋予人以形状，人不应该刻意追逐外在的东西，惹出烦恼、忧虑和悲伤，伤害到自己的身体和心灵。当人追逐外物，精神和身体都处于劳顿，心力交瘁，无精打采地呻吟、打瞌睡，岂不是伤害了自己。”

“人之生也，非情之所生也。生之所知，岂情之所知哉！”南怀瑾在《庄子讲记》中解释这番话，认为人的生命不是因情而生。我们生来便具有一点灵知之性，这种灵知之性可以跨越日常琐碎，超脱喜怒哀乐，让我们做一些光明而伟大的事情。灵知之性所追求的崇高是无法用情感来解释和取代的，因为人之所以成为人，与动物有所区别，不在于有“感情”，而在于拥有灵知之性。

一个有情之人容易被喜怒哀乐、悲伤欢爱所困扰，因而那个光明、伟大的灵知之性就困在一个微小的点上。虽然人们努力想要豁达，希望心境伟大，思想伟大，操守伟大，但却永远做不到。如果我们的修养和心境能够离开感情的困挠，就会变得非常旷达逍遥，那就是一种圣人境界。普通人终日为情所困，要达到圣人境界，永远无法成功。而圣人抛开世俗情感，一心做“无情”之人，方可达到伟大的境界。

无情之人最是有情人

南怀瑾先生指出，庄子的“无情”论是为了让人追求崇高，实现自然的超脱，一个人修养到心中没有杂想，没有妄念，恢复到婴儿般清净无为的状态，生命的伟大就会展现出来。而这世上庸碌的人整日惦念鸡鸣狗盗之事，心里放不下七情六欲，心灵空间越来越狭小。但这等人却妄想跳出三界外，不在五行中，当一个活神仙，享受人间清净富贵。

世人的感情也要，圣人的名声也要，便以为自己的感情十分伟大。事实上，就如六世达赖所说：“世间哪得双全法，不负如来不负卿。”想追求大慈大悲之情，便要舍弃世俗小情，伟大崇高的人和事，永远要超越庸俗的情欲。

看似无情却有情，这是一种卓绝的情绪管理。只有理性地看待情感，以“无情”之心做“有情”之事，才是接近圣贤的情感，而非世间的琐碎俗情。

南宋时期的道济和尚，本名为李修缘，家中曾是书香门第、当地望族。李修缘是家中独子，后来出家灵隐寺当了和尚，法号道济。道济时常疯疯癫癫，行为举止异于常人，但对百姓却扶危济困、医治疾病，受到世人的爱戴，被称作“活佛济公”。

有人曾问道济：“你抛开族中亲人出家为僧，对李氏祖先不孝不义，对李氏后人不亲不养，明明是一个无情之人，怎能称为活佛？”道济回答说："灵花皆散尽，菩提子落根。舍去万般念，方可度众生。"他的意思是，灵花菩提落叶飘零，是为了有更多灵花和菩提长出来，他将自己的感情抛舍出去，是为了让世间更多的人归于善念。

当小情感与大慈悲产生冲突，道济和尚选择了普度众生。他出家为僧，对亲人看似无情无义，对百姓而言却是有情之人。

无情之人最有情，道家老庄如是，佛家菩萨如是，基督耶稣如是。无情只是不纠结于世间的小情小爱，而去追求大慈大悲的大爱，南怀瑾先生也正是这个意思。

·3·

谈生命哲学：没有生死，只有变化

"方生之说"，就是是非、心物，都并非由于外界的关系，都是因人们的观点而产生的，是主观的东西。

——南怀瑾

生与死是人生所必经的阶段，也是人们很重视的问题。南怀瑾先生说："生死之事自从有人类之日起，这个问题便即行存在。无论贫贱富贵，上自帝王将相，下至贩夫走卒，无人能脱离这一自然规律。在庄学中，生死如不能予以正确的处理，则人人乐生而恶死，急于养形体之生，则内在心障难破，物和我就难以统一和谐。”

生死只是一种物化

庄子立足于宇宙看人生，把人的生命现象看成宇宙自然中的一种现象，生命中的生死之变也仅仅是一种物质之变。他认为，生命的自生至死或者由死复生都只不过是形态的转化而已。这就好像人的形体有健康的，也有残疾患病的一样，生死之变和形体之变类似。从根本上说，生与死之间没有区别，只有物质形态变化的区分。

庄子在《天道》篇说：“其生也天行，其死也物化。”他进一步解释，“道生”成了宇宙万物，人类和动植物都是“道”的不同表现形态，人并没有什么特别之处。因为“道”创造了人的形体，人们喜欢自身的样子，对身体非常看重。但人的形体千变万化，每个人长得都不一样，根本没有穷尽，因此人的喜怒哀乐被这些变化牵引。正因为圣人明白人体只是“道”的物化，因此只要固守着“道”，短命也好，长寿也罢，生与死都遵循自然之变，遵循“道”的变化规则，这样就是至善的境界。

庄子曾说人死了不必下葬，只管抛尸荒野就好。有人对他说，抛尸荒野，豺狼、秃鹰会吃掉尸体，对死者很不敬。但庄子说，把尸体埋到地底下，也是给虫子、蚂蚁、老鼠吃，这跟让豺狼秃鹰吃了没什么区别。更何况人死了发生物质变化，尸体烂在土壤里，吃进动物肚子里，严格来说，这些都没什么分别。

南怀瑾先生赞同庄子的观点，认为生死皆物化，究其根底是“道”

的一种变化规则。生命本身源于气，而死亡之后不过是复归于气而已。因此，生死都只是变化的现象。生死变化的主体看似生命体自身，可是从其本质来讲，却是“道”在化，“气”在化。“道”一化而为人之生，再化而为人之死；气聚而为人之生，气散而为人之死。正所谓“已化而生，又化而死”。因此，生死之变本质上是生命根源在变化，是一种物质变化。

方生方死的变化

庄子认为，世间万物在不断地出生成长，也在不断地死亡消失，这就是所谓的“方生方死”。南怀瑾先生的观点与庄子的不谋而合，谈及死亡，认为其实人时时刻刻都在死，因为每一刻身体里都有细胞死亡，不只是年年月月在衰老，而是每时、每刻、每秒都在衰老。也就是说，从人出生的那一刻开始，死亡便已经开始了，即生即死，随时都在生死。因此生和死只是相对的，有生必然有死，不过是早死晚死、部分死和全部死的区别而已。

正因为“方生方死，方死方生”，一个生命产生的同时也意味着死亡的开始，那我们为何要喜欢“生”？当一个生命死亡的时候，他尸体的养分给了豺狼、秃鹰、蚂蚁或者土壤，那么另一个生命便开始了。

因此“方生”就“方死”，生死是互相重叠交叉的两头，就好像说白昼是黑夜的开始，黑夜是白昼的开始一样，这是一种循环的逻辑关系。如果我们认为天亮能看见，黑夜看不见，就讨厌黑夜，那是没有道理的，因为没有黑夜的过去，就没有白天的来临。同样，没有种子的死亡，就没有新芽的萌发，生与死也正是这样的道理。

庄子的妻子死了，他的好朋友惠子前去吊唁，却看到庄子很洒脱地坐在那里，一边敲着盆，一边唱着歌，这让惠子非常不解。于是，惠子走上前去，说道："你和妻子生活了一辈子，她为你生儿育女，日渐衰老，如今她死了，你不伤心哭泣也就罢了，竟然敲着盆子、唱着歌，这样难道不过分嘛！"

庄子答道："并非如此。在她刚过世的时候，我也很悲伤。但是仔细一想，她原本是没生命的，而且也没有形体和气息，夹杂在恍惚的境域当中，变着变着就有了气，气再变化，之后便有了形体，而形体再变化成生命。她在人世间度过春夏秋冬，变化衰老直至死亡，又重新回到空气当中。她如今已静静地安息了，或者在天地之间，或者在房屋之中，自由自在，恢复到本我的状态。而我却围着她不断啼哭，在我看来，这是不通达天道啊。"

在庄子看来，生命的物质基础仅仅是一种气，人的形体生命是气凝聚的结果，人从气而来，又回归到气中去，这是一种变化，根本无需悲伤。生死是一个无限循环的过程，死不但是整个生命现象的终点，还是下一段生命形成的起点，生生死死，死死生生，两者一直处在相互转化之中。

·4·

谈因缘：随缘世事无挂碍

万事随缘，诸事看淡，心中才能无所挂碍。

——南怀瑾

水凭借它所特有的柔弱不争的性格，哪里低就往哪里流，随圆就圆，随方就方，无私地浇灌天地万物，供人们使用，孕育着人与万物生长，从未有过自恃、自我、自矜的行为，可以说是至善完美。

南怀瑾先生说：道家讲“清虚”，佛家讲“空”，空到极点，清虚到极点，此时的智慧自然高远，反应也就灵敏。人要像水一样与世无争，与物无争，那样才能安然处事，泰然处之。

万事随缘，不争不抢

有这样一个故事：从前有个僧人，尽管在修行禅道上颇下苦功，可是却一直不得入门。眼见很多晚他入门的师兄弟对禅都能有所领悟，他认为自己实在没有资格学禅，便决定去做个行脚的苦行僧。于是，他开始整理行李，准备远行，临走时到法堂向师父辞行。僧人禀告说：“老师！我辜负了您的期望！皈依在您座下参禅已经有十多年了，但是我对禅仍没有任何体会。我认为我实在没有学禅的慧根，今日向您辞行，我将云游四方。”

师父异常惊讶地问道：“为什么没有领悟便要离开呢？难道其他地方就可以觉悟了吗？”僧人诚恳地再次禀告说：“我天天除了吃饭、睡觉以外，都专心于道业方面的修行，可是却迟迟未见效。反观那些师兄弟们，每个人都能有所领悟。其实在我内心深处，已萌发了一股倦怠感，我想我还是做个苦行僧吧！”师父听后开示说：“悟，本身是一种内在本性的流露，是学不来也急不得的。别人是别人的境界，你修你的禅道，这是两回事，为什么要混为一谈呢？”僧人说：“老师！您不知道，我和他们一比，就如小麻雀和大鹏鸟，十分惭愧。”

师父装着一副很不解的样子问道：“怎么样的小和大呢？”僧人答道：“大鹏鸟一展翅就能飞越几百里，可我却只有几丈罢了。”师父意味深长地问道：“大鹏鸟一展翅能飞几百里，可它飞越生死了吗？”僧人听后沉默不语，好像有所感悟。

比较是烦恼的根源，僧人始终执著于和其他弟子的差距，如何能透过禅而悟道呢？大鹏鸟一展翅便可飞越百里，却无法飞越生死。在这浮躁与喧嚣并存的时代，面对功名利禄、灯红酒绿，我们是否能抵挡住世俗的诱惑，让思想的水面上不泛起丝毫波澜呢？想来并非易事。

生死随缘，诸事看淡

南怀瑾在《庄子南华》中讲道：“万事随缘无挂碍。”参禅如此，生死亦如此。历史上，有关老子的死素来是个谜。相传老子死后，他的朋友秦失来吊丧，一般来讲，看到朋友的尸体，至少会伤心掉泪，可是秦失见到老子的尸体，大叫三声之后便离开了。老子的学生见到这种场景，便说道：“这个家伙不是我们老师的好朋友，他今天来这，似哭非哭，似笑非笑，分明是来讽刺的。”秦失听到老子的学生这么说，便答道：“我是你们老师的好朋友。”老子的学生反问道：“老师死了你来吊丧，可既不行礼，也不掉泪，反而大叫三声，难道可以吗？”秦失说：“当然可以，而且这是最高的礼貌。起初我对你们的老师非常敬佩，认为他是一个很了不起的人，直到我从很远的地方跑来吊丧的时候，见到那些年纪大的人哭得很伤心，好像自己死了儿子一样，又见到那些年轻人来吊丧，哭得好像自己死了父亲一样。为什么他们见到老子死了哭得那么伤心呢？这是一种真情的流露，动了真情，说不出话来，是没有言语能形容的，只有哭能表达那份情感，这是人的情感，没错。但是你们的老师老子，他是教人能超越世俗感情，超越物理环境之外，达到出神入化境界的人，对于七情六欲已经不动心了。你们大哭又有何用呢？”

一个人活在这个世界上，是顺着生命叩拜自然之势来的；年龄大了，到了要死的时候，也是顺着自然之势去的，所以一切都要顺其自然，这样就不会被后天的情感所困扰了。人的情感自然有喜怒哀乐，可是非得喉咙哭哑了才算伤心吗？这种情感已经是做假了，并非真感情，这是违反天然的，已经忘记了生命的本原。所谓“生者寄也，死者归也”，有活着的生命，自然就有归宿的一天，这是一种必然的规律。万事随缘，才能无所挂碍。

·5·

谈为学境界：问号就是最好的答案

你不要认为你的知识够了，都是错误的观念。

——南怀瑾

庄子在《逍遥游》里提出了一个问题："天之苍苍，其正色邪？其远而无所至极邪？其视下也，亦若是则已矣。"在《庄子南华》中，南怀瑾先生对这些问题加以解释："天之苍苍，其正色邪？"当我们仰头看天，天气晴朗得一点云都没有，空中的颜色是青蓝的，那叫"苍"，所以我们认为那就是蓝天。庄子却对此表示怀疑："天真的是蓝的吗？你真的爬到天上看过吗？假如那个蓝色的就叫天，那夜里这个黑色天空叫不叫天？早晨空中白白的一点曙光，那是不是天呢？"

庄子极富科学探索精神，尤其善于提出问题，对人们的既定观念表示怀疑。从这个蓝天的实例来看，人们搞不清楚天究竟是什么颜色，因为它是空的，没有固定的颜色。因此南怀瑾先生认为，读《庄子》这本书的时候，问号的后面还有很多的内容，发出疑问是挖掘真理的第一步。

做学问要敢于质疑

庄子曾经对宇宙提出质疑，引发了后人的许多深刻思考。“其远而无所至极邪？”“你认为宇宙是无限大吗？远得没有办法再远吗？远得没有边际吗？那么我们站在这里，也算是宇宙的一个起点吗？我们摸得着看得见，所以宇宙就在这里，怎么说它没有边呢？”他提出了一连串的逻辑问题，颠覆了人们对宇宙与世界的观念和想法。

伽利略1564年生于意大利的比萨城，就在著名的比萨斜塔旁边。他的父亲是个破产贵族。当伽利略来到人世时，他的家庭已经很穷了。十七岁那一年，伽利略考进了比萨大学。他不仅努力学习，而且喜欢向老师提出问题。哪怕是人们司空见惯、习以为常的一些现象，他也要打破砂锅问到底，弄个一清二楚。

在伽利略之前，古希腊的亚里士多德认为，物体下落的速度是不一样的。它的下落速度和重量成正比，物体越重，下落的速度越快。在很长一段时间内，人们一直把这个违背自然规律的学说当成不可怀疑的真理。年轻的伽利略根据自己的经验推理，大胆地对亚里士多德的学说提出了疑问。经过深思熟虑，他决定亲手做一次实验，并选择比萨斜塔作为实验场。这一天，他带了两个大小一样但重量不等的铁球，一个重一百磅，是实心的；另一个重一磅，是空心的。伽利略站在比萨斜塔上面，望着塔下，塔下站满了前来观看的人，大家议论纷纷。有人讽刺说：“这个小伙子的脑子一定不正常！亚里士多德的理论是不会有错的！”实验开始了，伽利略两手各拿一个铁球，大声喊道：“下面的人们，你们看清楚，铁球就要落下去了。”说完，他把两手同时张开。人们看到，两个铁球平行下落，几乎同时着地，所有的人都目瞪口呆。

伽利略的实验揭开了落体运动的秘密，推翻了亚里士多德的学说。这个实验在物理学的发展史上具有划时代的重要意义。正是因为敢于质疑，伽利略才能在世界历史上留下浓墨重彩的一笔。做学问最需要的就是这种精神，不盲目地迷信权威，坚持自己的想法并且积极地去实现它。

积极去寻找问号背后的答案

南怀瑾先生说："每一个人的气度、知识范围、胸襟大小都不同，如果要立大功成大业，就要培养自己的气度、学问、能力，使之像大海一样深广才行。要够得上修道的材料，也要像大海一样汪洋才行。"要想自己的知识像汪洋大海一般，就要积极去寻找问号背后的答案。

爱迪生小时候十分热爱科学，凡事都爱寻根究底，都要动手试一试。有一次，他看到母鸡在孵蛋，就好奇地问妈妈："母鸡为什么卧在蛋上不动呢？是不是生病了？"妈妈告诉他："它这是在孵小鸡，过一些日子，蛋壳里就会钻出鸡宝宝来。"

听了妈妈的话，爱迪生感到新奇极了，心想，母鸡卧在鸡蛋上就能孵出小鸡来，鸡蛋是怎样变成小鸡的呢？人卧在上边行不行？于是他决定试一试。爱迪生从家里拿来几个鸡蛋，在邻居家找了个僻静的地方，他先搭好一个窝，在下边铺上柔软的茅草，再把鸡蛋摆好，然后就蹲坐在上边，他要亲眼看一看鸡蛋是怎样变成小鸡的。天快黑了，见爱迪生还没回来，家里人都非常着急，于是到处去找他。最后，他们在邻居的后院找到了爱迪生。只见他坐在一个草窝上一动也不动，身上、头上沾有不少草叶。家里人见了，又生气又好笑，问他：“你在这儿干什么呢？”“我在这儿孵蛋啊！小鸡快要孵出来了。”爱迪生回答。“孵什么蛋，快点出来！”爸爸大声喝道。

爱迪生倔强地说：“母鸡都能孵蛋，我要看看小鸡是怎样孵出来的。”“不行，不行！快回家！”爸爸又喝斥道。妈妈却没有责怪和取笑他，微笑着说：“人的体温没有鸡的体温高，你这样孵是孵不出来的。”从这个故事里我们能看到一个善于发现问题并且积极主动去探索答案的小爱迪生，正是因为具备这种精神，他才能成为闻名世界的“发明大王”。

由于时代发展，科学进步，很多现代人习惯于坐享其成，缺少了敢于质疑、敢于提问的精神。如果世界少了敢于质疑的人，那么整个社会就会停滞不前，人类就会因此退化。所以我们在做学问时，应当多想、多问、多钻研，这样才能创造出一个欣欣向荣的世界。

·6·

谈善恶：为善无近名，为恶无近刑

为了做好人而做好事，为了让人家去表扬，为了让人家叫我们好人，看到我们做了善事，那就不算善事了。

——南怀瑾

“为善无近名，为恶无近刑。缘督以为经，可以保身，可以全生，可以养亲，可以尽年。”这句话是庄子的格言。南怀瑾先生在《庄子南华》中这样解释道：“为善无近名”，就是说应该多做善事，而且不应为获得名声而做善事，不让别人晓得你在做善事。“为恶无近刑”是说世上没有绝对的善人，每个人的内心世界都有阴暗的地方，但是我们有时做了一些小奸小恶的坏事，还不至于达到触犯法律的地步，不会受到极度打击，也不会到痛苦到极点的程度。

南怀瑾先生认为，一个人做好事应该是发自内心的，不能为了名利，更不能抱有功过相抵的想法，错就是错，善恶应当分辨清楚。他进一步解释道：“就是说一个人有心地去做好事，表现给别人看，或表现给鬼神看，虽然是好事，也没有什么值得奖励的。”

善恶往往在一念之间

庄子要求我们在行为上做到至善，在行善方面，做与不做都要慎重考虑，因为一不小心就可能将善事变成恶事。很多时候，善恶区别并不明显，只在一念之间。

古时有一名村妇夜里晚归，身后尾随了一名不怀好意的男子。村妇快速跑到附近的坟地里，把头发解开披散着，往脸上抹了泥灰，冒充女鬼蹲到坟边。等男子走近，村妇从坟头跳出去，披头散发，模样恐怖，男子当场惊吓过度，倒地而死。

村妇虽然没有受到伤害，但她在离开之前拿走了男子身上所有的钱财，心想没人看见，谁也不知道此事，就不算作恶。后来此事败露，村妇虽然用计谋惩罚了心怀不轨的男子，但她窃取钱财却不是善行，而是恶念。因此说，善恶只在一念之间，当村妇的贪婪之心占了上风，她自我保护和正当防卫的行为反倒成了恶念。

南怀瑾先生认为，人心善恶往往是一瞬间的事情，一面是阳关大道，一面就是万丈深渊。在面对小善恶的时候，人们可能会不假思索地做出决定，但是在危及自身利益的时候就会难以抉择，善与恶的选择也就更能彰显出一个人的品质。

与人为善，结出善果

许多时候，一个人是善是往在于其一念之间。同样一件事情，以善待之和以恶待之得出的结果也不同。人与人之间的交往也是如此，做善事是出自本心，不是为了所谓的好名声。种下善良的种子，让自己内心安详平和，不去想可能带来怎样的名利、好处，问心无愧四字足矣。

有这样一个故事：楚惠王吃饭时突然发现菜中有一只蚂蝗，他没有出声，而是把蚂蝗吞了下去，结果肠胃当时就疼了起来。令尹前来问候他，问道："大王为什么会肠胃疼？"楚惠王告诉他，"因为我吃饭时看见一只蚂蝗，心想如果声张出去，就得追究责任，太宰、监食、庖厨等人全都会被处死，这样的话我于心何忍？但如果不处死他们，只是轻轻处罚，又违反了本国的法度，我的威信也无法树立，以后很多人会肆无忌惮地犯错误。所以，我只能无声无息把蚂蝗吞进肚子里。"令尹深深鞠躬，说道："虽说如此，大王仍然是仁德之君，您宁可自己受苦，也选择与人为善，这正是上天辅佐保佑的大仁大善，这一只蚂蝗肯定不会伤害到您的。"果然当晚楚惠王的肠胃就不疼了。而事后很多负责膳食的臣子知道此事都对惠王颇为感激，如果不是他的善心仁慈，他们这些人的脑袋早就搬家了，因此以后对楚惠王更加忠心了。

古人说："人生一善念，善虽未为，而吉神已随之。"只要一个人心存善意仁爱，吉祥之兆自然会降临身边。有一位外科医生在下班回家的路上丢失了钱包，里面有现金、银行卡、身份证等贵重物品。钱包被一名女清洁工捡到，她不畏严寒，一直守在路边等待失主。几个小时之后，医生回到此地找回了钱包，而此时女清洁工突发急性阑尾炎，医生毫不犹豫地将她送到医院，并亲自为她安排手术，让清洁工及时得到了治疗。

这个故事虽然简单，但可以说明一个道理：播下善因，总会得到善果。为别人奉上爱心，不惜自己忍受寒冷，这样的人怎会不受上天眷顾呢？真正付出善心的人，绝不是为了功名利禄，也不是为了受到他人的崇敬和感激。而正因为如此，他们最终反而得到了别人的崇敬和感激。正所谓播下善念，必结善果，道理就在于此。

·7·
谈生存：先存己而后存人

人生要有自己的方向和目标，才能教导别人。

——南怀瑾

在中国的传统文化中，“先存己而后存人”这一点非常重要，它出自《庄子·人间世》，意思是自己先站起来，才能去辅助别人站起来。《人间世》所讨论的核心是处世之道，不仅阐述了庄子主张的处人和自处的人生态度，还揭示了庄子处世的哲学观点。庄子的人生态度是“虚无”，但这种“虚无”是相对的、客观的，并且在特定的环境当中会有所转化，归结到一点就是先“存己”，后“存人”，最后达到“虚己忘人”的境界。

先存己，而后方能存人

南怀瑾在《庄子南华》中赞同庄子的说法，认为一个人如果连自己都救不了，又怎么能去救别人呢？如果自己都没有正确的方向，又怎能去引导别人走正确的方向？

有一次，颜回去拜见孔子，请求同意他出远门。孔子问：“你要到哪里去呢？”颜回答道：“我听说卫国的国君办事轻率专断，看不到自己的过失，肆意奴役百姓，造成大量人口死亡。老师曾经说过，我们这样的人要去指出昏君的过失，教导治国的办法，就像医生要去给病人治病一样。”

孔子说：“古时，许多道德高尚的圣贤总是先让自己思想成熟了，才去辅助别人。而你现在在道德修养方面还没什么建树，怎能到暴君那儿去推行大道呢？”颜回说：“我外表端庄，内心虚豁，勤奋努力，始终如一，这样就行了吧？”孔子摇头说：“这样也不够，因为你还没有学会自保的本领，如何去卫国保护百姓？以前，夏桀杀害敢于直谏的关龙逢，商纣杀害力谏的比干，这些贤臣都非常注重自身的道德修养，而且爱护百姓，但他们都遭受杀身之祸，原因就在于他们不懂得如何保住自己的性命。连性命都丢了，也不必谈劝诫君王和治国之道了。”

颜回继续说道：“那么我就外表委婉，为人圆滑一些，但内心持守正道，这样可以了吧。”孔子说：“这样也不够，卫国的国君脾气暴戾，并且喜怒无常，人们都不敢违背他，他借此来放纵自己的欲望，所以无法用温和的手段感化他，更不可用大道理规劝他。”颜回说：“那我真的没有更好的方法了，冒昧向老师求教。”孔子说：“你必须专心致志，加强修养和智慧，摒弃一切杂念利诱，以己度人，以人律己。直到忘记自我，达到天人合一的境界，就可以去暴君面前推行你的治国之道了。”

颜回是孔子的得意门生，为人十分好学勤谨，品性端正，但并不深谙人情世故，他想以仁义道德去感化暴君，是一种“名闻不争，未达人心”的做法。他不了解自己的优缺点，更不知道卫国暴君的具体情况，试图用道德感化对方，这不切合实际，也很危险。

南怀瑾认为，“人微言轻”是一个非常重要的处世经验，自己没有正确的发展方向，就不会在所在领域有知名度，没有知名度，说的话就没有分量，提出建议也起不了作用。因此，庄子借颜回的故事告诫人们，面对凶险的人生，必须要注重自身的修养，找准正确的人生方向，只有自己爬上了高峰，足够优秀，才能去教导别人。

把别人当成自己

南怀瑾先生认为，“先存己而后存人”是一种人情世故，不谙世事，不通人情，即便是自身道德修养很高，也是一种失败的人生。一个人处事不偏执、不狭隘，首先要学会处理好与别人的关系。

有一位少年去见一位年长的智者，问道：“如何使自己变成一个愉快的人，而且能给别人带来愉快？”智者笑着说道：“我送你四句话，第一是把自己当成别人。只要能这样做，当你痛苦悲伤时，痛苦就能减轻很多；当你陷入狂喜时，情绪也会平复下来，避免乐极生悲。第二是把别人当成自己，这样做就可以真正同情别人的不幸，明白别人的需求，分担别人的痛苦，对人给予恰当的帮助。第三是把别人当成别人，这样做是尊重别人的生活和选择，不介入别人的生活，不侵犯干扰别人的生活空间。第四是把自己当成自己，看到自己的个性和独立性，不依附他人，不随波逐流，不阿谀奉承，朝着自己的方向前行。”少年说：“这四句话很难，我用什么将这些原则统一起来，做到游刃有余？”智者说：“用你的真心和你一生的时间，就一定能做到。”这个故事讲述了人生在世，应该如何处理自己与别人的关系。庄子倡导先“存己”，后“存人”，最后“虚己忘人”，达到这样的境界，也就能深刻地理解人情世故了。

·8·
谈处事原则：曲则全，方圆之道

内方外圆，人们都很难做到，即便做到了也要关注一个更重要的原则：不能深入，恰到好处。

——南怀瑾

先秦道家思想提出“曲则全”，“曲”是为了减少阻力，是为人处世的方法，以弯曲和旋转求得全面认识，是合乎道和自然规律的。庄子建议做人要外圆内方，讲究合适的度。这不仅是道家倡导的法则，也符合儒家思想的中庸适度之道。

南怀瑾先生认为，外圆内方，不是老谋深算和老奸巨猾，人生好像在大海中航行，时时遇见波涛阻力，因此船头不能做成方形，而是做成尖圆形，就为了减少阻力。遇事时斤斤计较，力争摩擦，这样做很难与人相处，更难成就大事。

方圆之道，深浅有度

在庄子看来，事物本身就包含着对立关系，因此人的行为要保持“有方有圆”，恰到好处地运用方圆之道，讲究一个“度”。如果一个人急功近利，不理会深浅程度，这未必是件好事。庄子告诫人们，要开阔视野、虚怀若谷、外圆内方，不能一味地蛮干。在“曲”中有“全”的道理，在“不争”中有“争”的原则。

娄师德身处武则天的时代，是一位智勇双全的臣子，在保卫和巩固西北边防上卓有建树。但是当时酷吏横行，罗织诬告成风，许多忠贞的大臣都横遭不测，死于非命，所以他在做宰相的时候极其小心谨慎。有一次，他的弟弟被任命为代州刺史，即将赴任的时候，娄师德问他：“如今我当了宰相，而你又做了刺史，荣宠实在太盛，最容易遭人嫉恨，你如何才能避免呢？”弟弟跪着答道：“从今天开始，即便有人朝我脸上吐唾沫，我也不会生气，自己擦掉就好，以免兄长为我担忧。”娄师德听后，更加忧心地说：“这正是我所担忧的。别人向你脸上吐唾沫，是生你的气，如果你擦掉了，不是更让人生气吗？向你吐唾沫，即便不擦也会干的，应该笑着接受。这样一来，你无争而笑纳，是德行高洁的表现，会令人生出敬佩之心，你的刺史就当得更稳妥了。”

南怀瑾先生在《庄子南华》中阐述“曲则全”的含义，建议为人处事要讲求艺术，善于言辞的人说话婉转，更容易达到目的，而直来直去有时是行不通的。外面圆融，内心方正，是大智慧和大容忍的统一，既有含蓄的平和，又有斗士的刚猛，这样遇事才能审时度势，泰然处之。

外圆内方是通达

古人认为，身处太平盛世，为人处世应当刚直严正；身处纷争乱世，为人应该圆滑老练，随机应变。而在一个发展上升的国家里，待人接物要方圆并济、外圆内方、交相运用，这才是一种通达之法。

庄子认为，所谓的外圆内方，就是外表沉默圆融，但是内心不能跟随，更不能人云亦云，随时改变。自己要坚守立场和原则，不能别人做坏事，你就赞成。过于锋芒毕露难容于世，过于委曲求全又是一种懦弱的表现，外圆内方，恰到好处，这样才能在纷繁复杂的社会中游刃有余。

古时有个叫颜阖的人，奉命当卫灵公太子的老师。太子是个不聪明且十分暴戾的人，所以对颜阖来说，这个职位不仅责任重大，而且让他心里很害怕，于是前去请教好朋友蘧伯玉。颜阖对他说："卫国太子个性凶残粗暴，动不动就发脾气杀人，但他注定是要当君王的。假如我做一个挂名的太子老师，什么事都不管，这样的话，太子不往正路上走，国家的未来会很危险，会在他手中灭亡。如果我采用严格的教育方法，要求他改正错误，他将来一定会恨我，我也很危险，说不定会被杀掉。我该怎么办呢？"蘧伯玉说了四个字："戒之，慎之。"意思就是你随时要警戒自己，说话做事都要谨慎。蘧伯玉又告诉颜阖："你表面上可以迎合他，跟他永远站在同一立场，但是自己要有内在的道德标准。太子未来肯定要当君王，你要教育他成为一个好国君，对国家有所贡献。他做事幼稚，你在表面上要跟他一样幼稚，只是无论做什么事，都比他好一点，都要清醒一点，这样就可以将太子引向正路，你自己也不会有生命危险。”

所以说，做人做事都要通达，要圆融，不要过于古板，但同时又不能太圆滑，不然就会变得滑而不实，成为伪善之人了。只有外圆内方，才是合适的人生处事原则。

·9·
谈价值观：鱼和熊掌不可兼得

读书明理难，做人做事有高瞻远瞩而能把握现实更难。为恶易，为善难，而无明智以处善事，翻将善事而成恶果甚易。

——南怀瑾

《孟子·告子上》中曰：“鱼，我所欲也，熊掌亦我所欲也；二者不可得兼，舍鱼而取熊掌者也。生亦我所欲也，义亦我所欲也；二者不可得兼，舍生而取义者也。”这里所说的鱼和熊掌抑或己命和大义仅能取一样只是字面上的意思，实际上更强调当人们面临抉择的时候应当如何去取舍。

南怀瑾先生在《庄子南华》的开场白里提到了孟子批判墨子及杨子。墨子是贤人政治，“摩顶放踵利天下”，无所谓自己辛劳与否，一心一意为天下先，从头发到脚掌都可以奉献出来以利天下。而杨子则恰恰相反，

“拔一毛而利天下，不为也”。“我这一毛我说了算，拔不拔是我自己的事。若拔一毛有利于你、有利于天下，可以，但我得愿意。我也不想拔你身上一毛而利于我，大家都各过各的，自己管好自己。”

南怀瑾先生说：“这两个人的思想，一个是绝对无我为公，忘己为人；一个是绝对为己的个人主义、自由主义。这是属于哲学思想的大问题。”只有绝对为公的理念，而没有绝对的公，同时也不可能存在绝对的私，你的东西我不拿，我的东西你也不要碰，这是做不到的。所以孟子在把这两个人都骂了一通之后，喘了口气，说还是儒家的中庸之道好。

人们自然不会朝夕都触到这么极端的选择，可毕竟鱼和熊掌不可兼得，面临问题的时候我们总要下定决心做抉择，至于究竟该如何取舍，不能人云亦云，自己要有是非价值观，看清楚事物的本质，懂得事事难做到圆满，保持一颗平常心，便不难处理生活中一些棘手的选择。

万事都难圆满

《庄子》曰：“凡事若小若大，寡不道以欢成。事若不成，则必有人道之患；事若成，则必有阴阳之患。若成若不成而后无患者，唯有德者能之。”南怀瑾先生说，但凡人去做事，不管事大事小，都很难做到完美无瑕，这是人生的最高哲理。从释家来说，就是大千世界，没有一个圆满的人，没有一件圆满的事！

有一个故事，说一个人家里老鼠猖狂，为了除掉鼠患，防止老鼠偷吃粮食，便专门去买了一只猫放在家中。可偏偏这只猫也不是省油的灯，虽然是个捕鼠好手，但也喜欢吃鸡圈里的鸡。结果这个人的家里老鼠是没了，但鸡也所剩寥寥了。于是，他的儿子就想把猫赶走，这个人知道后，耐心地对儿子说："危害我们家的是老鼠，并不是猫。老鼠偷吃食物，啃破衣物，打穿墙壁，还损坏家具，如果不除掉它们，我们必会挨饿受冻。而没有了鸡，我们不过是少吃几顿鸡肉罢了。"

大千世界，难免会有些许憾事，世上罕有圆满的事情，取了这样就可能失了那样，这是无可奈何的。既然明白这个道理，不妨想开些，敞开自己的胸襟，看穹下流云朵朵的闲适，眺远方碧海银沙的惬意，只要不忘初心，便坚持无悔的抉择，所谓舍得舍得，正是如此。

保持一颗平常之心

南怀瑾先生在《庄子南华》中肯定了"举世而誉之而不加劝，举世而非之而不加沮"这类人，说他们的智慧和学问已经确定了他们的人生观，这是很了不起的。"定乎内外之分，辩乎荣辱之境"，这类人能认清自我与外物的分际，辨明荣辱的界限，因而不去理会外在的光荣和屈辱。外在世界的一切，他们都看得很清楚，也看得很淡。光荣就光荣，倒霉就倒霉，无所谓，一概不管，因为这些与本身内在的人格毫无相关，这是一个平常心就能达到的境界吗？南怀瑾先生说庄子讲到这里时由衷而曰："斯已矣。"了不起啊，连庄子都非常佩服这类人。

抉择难，在抉择中坚持君子的价值取舍，保持一颗平常之心更是不易。所以南怀瑾先生在《庄子南华》里提到了"轻裘缓带"的作风，从容潇洒啊。杜甫在诗中说诸葛亮"万古云霄一羽毛"；晋朝帮助司马炎一统天下的一代名将羊祜在前方指挥作战时正是"轻裘缓带"；著名的淝水之战，谢安在收到打败苻坚八十万大军胜报时正与人下棋，听罢一动不动，继续下，这都是道家老庄思想的体现。

在面临“鱼和熊掌不可兼得”的尴尬时，要有从容不迫的大气，懂得事事难免有缺憾，不执意追求完美，用安之若素的态度、叩问己心的真善，聆听内心最正直的呐喊，这般取舍，正是逍遥。

·10·

谈静与动：人莫鉴于流水而鉴于止水

要认识自己，必须要把心中的杂念、妄想静止，才可以明心见性。

——南怀瑾

《庄子》曰：“平者，水停之盛也。其可以为法也，内保之而外不荡也。德者，成和之修也。德不形者，物不能离也。”

南怀瑾先生在《庄子南华》中分析了内在的静与外在的动，认为如果一个人的内在心境永远保持平静的状态，不受外界的干扰和影响，不管外面怎样变化，生死存亡，或穷或达，或贫或富，内心都像平静的水面一样不流动。那么，他内心的平静就能抑制欲念和妄念，达到人生的一种至高境界。

人心如水，境界决定未来

《庄子南华》中，南怀瑾先生认为："此心如水，止水澄波，杂念妄想没有了，喜怒哀乐一来，像镜子一样照住了。"人生在世，难免遇到一些不如意，面对强大的敌人、巨大的苦难，心境的选择非常重要，甚至决定了人一生的造化。

有一位年轻人因为被朋友出卖，人财两空，痛不欲生，经过思量后感觉走投无路，于是来到湖边，想要结束自己的生命。这时是冬天，湖水都结冰了，恰巧一位禅师路过，他拉住年轻人，递给他一把斧子，说道："拿出你最大的力气，砸开这些冰。"

年轻人照做了，本想着自己这一斧下去，冰块必定会四分五裂，却不料经过猛烈的重击，冰块却完好无损，只在冰面上留下一道细微的印记。年轻人大吃一惊，再次抡起斧头向冰块砸去，但还是无能为力，只好摇头："不行，这冰实在太硬了!"

禅师微笑不语，捡来许多木柴，在冰面上生火，过了许久，冰块终于融化。禅师问年轻人："你从中有所领悟没有？"年轻人说："有些领悟了。我对付冰块的方式不对，不该用斧头劈，得用火烧。"禅师摇头："不够，不够。"年轻人想了想说："冰块融化的事实告诉我，再强大的敌人也有弱点。"禅师继续摇头："不够，不够。"

年轻人只得鞠躬请教禅师，禅师语重心长地说："我让你看的，是成功人生里的三种境界！冰虽为水，却比水强硬百倍，并且越是在寒冷恶劣的环境下，越能体现出坚如钢铁的特性。这是成功人生的第一种境界——百折不挠。水虽为寒物，却有着一颗善而谦卑的心，从不参与争斗，自甘流向低洼之地，哺育世间万物，从不向万物索取。这是成功人生的第二种境界——周济天下。雾虽无力，却最为自由。聚可成云结雨，化为有形之水；散可无影无踪，飘忽于天地之内。这是成功人生的第三种境界——功成身退。人心如水，之所以有能力悬殊、善恶不同、生死之欲，皆因各自境界不等罢了。”年轻人听后恍然大悟，决定忘记自身的遭遇，用心工作，并最终成就一番事业。

我们可能会遇到各种各样的挫折、打击或者嘲讽、背叛甚至欺骗，在这样悲观绝望的时刻，能帮助我们的只有强大的内心，坚强的意志让信心重新建立，让身体充满激情。人就应该让自己像水一样，积极适应环境，提高自己的境界，不为外界的风吹雨打所动，坚持自己的方向。

心如止水、平心静气才是修养之道

南怀瑾先生说，心如止水、平心静气很难做到，如果安心打坐不动，或许还可以，但只要行动起来，就做不到平静。一个人入世做事，有时很难抑制自己的喜怒哀乐，但要保持内在的修养，使内心像一杯水没有动过一样，将所有情绪变成止水，趋于平静。这种修养可以出世，也可以入世。玄奘大师曾说：“如人饮水，冷暖自知。”所以生命就像止水一般，不动则不燥，不燥则不乱，如果能做到内心澄静无波，坦然面对世事的变幻，自然能修成稳重的性格。

古时有一个妇人，特别喜欢为一些琐碎的小事生气。她也知道自己这样不好，便去求一位高僧谈禅说道，开阔心胸。高僧听了她的讲述，一言不发地把她带到一座禅房中，落锁而去。妇人气得跳脚大骂，骂了许久，高僧也不理会。妇人又开始哀求，高僧仍置若罔闻。妇人终于沉默了，高僧来到门外，问她：“你还生气吗？”妇人说：“我只为我自己生气，怎么会到这里来受罪。”

“连自己都不原谅的人，怎么能心如止水？”高僧拂袖而去。过了一会儿，高僧又问她：“还生气吗？”妇人说：“不生气了，气也没有办法呀。”“你的气并未消逝，还压在心里，爆发后将会更加剧烈。”高僧又离开了。第三次高僧来到门前，妇人告诉他：“我不生气了，因为不值得气。”高僧笑道：“还知道值不值得，可见心中还有衡量，还是有气根。”

最后高僧将门锁打开，妇人问他：“大师，什么是气？”高僧将手中的茶水倾洒于地，说道：“心如止水，气从何处生？”妇人视之良久，顿悟，叩谢而去。

生气不过是心念所驱使，当整颗心置身事外不为环境所动时，人就会变得平和而有礼。南怀瑾先生也说：“所谓打坐修道，做到此心一静下来，就像水一样不流动了，不一定要盘膝。”形式只是外在的表现，心不动，意则静。

Part 6

御风而行，讲给平常人听的哲学

——南怀瑾讲《列子臆说》

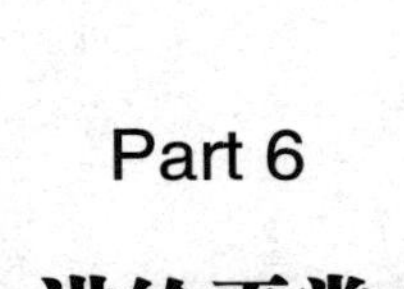

《列子》是中国古代道家文化的重要典籍，为战国时期列御寇所著，主要思想与《老子》、《庄子》相似。《列子》中包含许多民间故事和神话传说，内容趣味横生，思想洒脱不羁。南怀瑾先生著《列子臆说》，以浅显易懂的方式解说《列子》中的哲理故事，从而阐释列子“御风而行”的人生理念。《列子臆说》涉猎广博，见解独到，南怀瑾先生对生死、缘遇、名利、富贵等问题进行深入理解，涵盖他的人生观、宇宙观、哲学观，对处理人生境遇有颇多启发。

· 1 ·

谈言行：谨而言，慎而行

谨言慎行是一种人生哲学。

——南怀瑾

谨言慎行一词出自《礼记·缁衣》：“君子道人以言而禁人以行，故言必虑其所终，而行必稽其所敝，则民谨于言而慎于行。”字面的意思是，谨慎说话，慎重行事，不要莽撞，正如孔子所说“吾日三省吾身”，凡事要三思而后行。南怀瑾先生在《列子臆说》中也谈及“谨言慎行”，他说应“慎而言”，告诉我们的是一种谨慎的人生哲学，在这个社会上说话要小心，避免伤人伤己。

谨而言

《论语》有曰：“敏于事而慎于言。”《易经》亦曰：“吉人之词寡，躁人之词多。”这些都告诉我们，做人需谨慎说话。

有一次，苏格拉底的一位门生急匆匆跑来，上气不接下气地说：“我告诉老师一件事情，老师绝对想象不到。”此时苏格拉底毫不留情地制止他，并且郑重其事地告诉他：“你要告诉我的话，用三个筛子筛过了吗？”门生十分不解，于是摇了摇头。苏格拉底接着说道：“你要告诉别人一件事情的时候，至少应该用三个筛子过滤一下，第一个筛子叫真实，你要告诉我的事情是真实的吗？”门生回答说：“我从大街上听来的，大家都这么说，我并不知道是不是真的。”苏格拉底又说：“那你就应该用第二个筛子去筛查，假如不是真的，至少也该是善意的，你要告诉我的事是善意的吗？”“不，正好相反。”门生很羞愧地低下了头。苏格拉底继续说：“那么再用第三个筛子查看，你这么急着告诉我的事情，是重要的事吗？”门生低头说道：“其实也不是很重要……”

于是，苏格拉底批评他：“既然这个消息并不重要，而且不出自善意，更不知是真是假，你为什么要说呢？即便说了，也只能造成我们两人的困扰罢了。不要听信搬弄是非的人或者诽谤者的话，因为他们并非出自善意告诉你，他们既然能揭发别人的隐私，有朝一日也会同样对你。”

苏格拉底告诫弟子要慎言，说话之前先用三个筛子过滤，不当谣言的始作俑者，当然也不要受别人利用，变成是非的传播者。其实，流言比剑更加可怕，它能伤害一个人的身心，道听途说的人相当于将自己的快乐强加到别人的痛苦之上。古人吕近溪有曰：“话多不如话少，话少不如话好。”总而言之，说话能反映一个人的智慧和品格，言语谨慎、言之有据是说话的重要标准。

《弟子规》教诲天下人：“凡出言，信为先。诈与妄，奚可焉。话说多，不如少。惟其是，勿佞巧。”正所谓“祸从口出”，人人都应该管住自己的舌头，《圣经》上说：“舌头就是火，在我们百体中，舌头是个罪恶的世界，能污秽全身，也能把生命的轮子点起来，并且是从地狱里点着的。”谈论别人的是非，喜欢说长道短，常会为他人和自己引来一些不必要的麻烦。如果某一句话说得不妥当，还可能会造成无法弥补的损失和灾祸。

言语表现一个人的内在修养，能够彰显德行。孔子说，一个有德行的人，说话之前都是“战战兢兢、如临深渊、如履薄冰”的。因而，谨慎言语才是培养高尚德行的所在。

慎而行

关尹子曾经告诉列子说：“慎而行，将有随之。”意思就是，一个行为谨慎的人，做出来的事会引起大家追随，大家都会愿意以他为榜样。比如孔子，以师德著称，他的一言一行为后世所效法，影响了千秋万代，被称作“一言而为天下法，匹夫而为百世师”。

“慎尔行”强调行为要小心谨慎，一切事情都不要随随便便。做任何一件事，都要再三考虑其价值所在、影响所在，这便是《列子臆说》中所讲的“慎尔行”的内涵。南怀瑾先生非常赞同“谨言慎行”的说法，并认为这是可以操练出来的。没有人天生是坏脾气，只要懂得克制自己，学会谨慎行动，就能做到谨言慎行。

有这样一个故事：有个小男孩脾气非常不好，动不动就因为一些小事对父母大发雷霆。一天，他的父亲说：“孩子，你脾气这么坏，这样非常不好。”男孩反问道：“我脾气怎么坏了？”于是父亲指着自家园子里的围墙说：“要不这样吧，你每次生气发脾气，就在这面墙上钉一颗钉子，这样你就可以清楚地知道到底发了多少次脾气。”男孩转念一想，这样也可以，那就先试试看看吧。

于是他每次向父母发完脾气，都会在墙上钉一颗钉子，没想到，仅仅过去几天，围墙上已经出现一大片钉子。父亲指着墙上的钉子说：“你看看，这几天你发了多少次火，还说脾气不坏。”男孩眼见墙上钉着的钉子，心中不免愧疚起来。他说：“那我究竟该怎么办才好？如何才能控制自己不发脾气呢？”父亲对他说：“不如这样吧，如果你一天不发脾气，就可以从墙上拔下一颗钉子，时间一长，你便可以学会克制自己。”男孩心想：“我每发一次脾气就要钉一颗钉子，一天不发脾气只能拔下一颗，这么做实在挺难，不过我可以试试看。”于是，在接下来的日子里，他尽力克制自己不发脾气，每天都拔下一颗钉子，当他拔下最后一颗钉子的时候，兴冲冲跑去告诉父亲：“您快看，我已经将钉子都拔下来了，我也学会了隐忍和克制。”

可见，一个坏脾气的人只要能克制自己，培养品格和情操，就能做到谨言慎行。孔子说：“诚能慎之，福之根也；温恭慎德，使人慕之。”做任何事情都要三思而后行，不要随意说一句话，随意做一件事，学会谨言慎行，才能养成不凡的道德品格。

·2·

谈自尊：人不尊己，危辱及之

一个人活在这个社会世界上，不受人尊重是危险的，也会遭致耻辱。

——南怀瑾

《列子·说符》：“人不尊己，则危辱及之矣。”这是说如果人得不到别人的尊重，那就会受到屈辱。南怀瑾先生在《列子臆说》中说：“人能够牺牲自我，帮助别人，爱护别人，更要帮助危难中人，才能够得到别人的尊敬。所以尊敬得来不易，代价也不小。拿佛家讲就是慈悲，儒家来讲就是仁义。”

想要别人尊重自己，首先要自尊

古代饥荒年头，一位富人设摊施舍粥饭，看见不远处一个男子步履踉跄就叫喊道：“喂！过来吃点东西吧！”那男子的确饥寒交迫，他硬撑着走过来后，却昂然坚决地说：“我就是由于不接受施舍，才落到如此地步，现在已然如此，我还会吃这个吗？”说着，他决然地踽踽独行而去。

关于自尊心，南怀瑾先生还有这样的观点：“自尊心的反应，应该是‘自重’，就是孔子讲的‘君子不重则不威’，自己尊重自己才是自尊！”所以，要想得到别人的尊重，首先要自尊、自重。

陶渊明为了养家糊口，来到离家乡不远的彭泽当县令。一年冬天，郡太守派一名督邮到彭泽县来督察。这名督邮是个粗俗而傲慢的人，一到彭泽就差县吏去叫县令来见他。陶渊明平时蔑视功名富贵，不肯趋炎附势，对这种假借上司名义发号施令的人很瞧不起，但也不得不去见一见，于是马上动身。不料县吏拦住陶渊明说：“大人，参见督邮要穿官服，并且束上大带，不然有失体统，督邮要乘机大做文章，会对大人不利的！”这下陶渊明再也无法忍受，长叹一声道：“我不能为五斗米向乡里小人折腰！”说罢，他索性取出官印封好，写了封辞职信，随即离开只当了八十多天县令的彭泽。

要先尊重别人，别人才会尊重你

南怀瑾先生说：“如果骂人，讨厌别人，以为是自己的自尊心，拿宗教来讲，别人都逃避你，你已经陷入了孤立地狱，自己还不知道。所以，不尊重人而希望人尊重你，那是不可能的。”

有个业务员曾说过这样一个例子。他的工作是为强生公司拉主顾，主顾中有一家是药品杂货店。每次他去这家店的时候，总要先跟柜台的营业员寒暄几句，然后才去见店主。有一天，他去这家商店，店主突然告诉他今后不用再来了，自己不想再买强生公司的产品，因为强生公司的许多活动都是针对食品市场和廉价商店而设计的，对小药品杂货店没有好处。这个业务员只好离开。他开着车子在镇上转了很久，最后决定再回到店里，把情况说清楚。

进店的时候，他照常和柜台的营业员打了招呼，然后到里面去见店主。令人惊讶的是，店主见到他很高兴，笑着欢迎他回来，并且比平常多订了一倍的货。业务员十分不解，不明白自己离开店后发生了什么事。店主指着柜台上的营业员说：“你离开店铺后，他过来告诉我，你是所有来店里的推销员中唯一会同他打招呼的人。他告诉我，如果有什么人值得同其做生意的话，就应该是你。”从此店主成了这个业务员最好的主顾。业务员说：“我永远不会忘记，关心、尊重每一个人是我们必须具备的特质。”

我们要学会关心别人、尊重别人，当你用诚挚的心灵使对方在情感上感到温暖、愉悦，在精神上得到充实和满足，你就会体验到一种美好、和谐的人际关系，就会拥有许多朋友，并获得最终的成功。

·3·

谈时机：得时者昌，失时者亡

人要懂得处世，要懂得自己的人生，所以要知道“得时”的重要性。

——南怀瑾

“得时者昌，失时者亡”，这句话出自《列子·说符》，意思是说待人处事一定要看准时机，认清对象，假如自恃本领而没有找准对象，不仅无法发挥自己的特长，反而会带来严重的后果。

把握顺应时机

古时，鲁国一户姓施的人家有两个儿子，一个喜好儒学，另一个崇尚兵法，最后喜爱儒学的到齐侯那儿获得了重用，成为公子们的老师；而崇尚兵法的担任了楚王军队的长官，亲戚们为此感到非常荣耀。

施家的邻居孟家也有两个儿子，于是他们就效仿施家，让一个儿子学习儒学，另一个儿子学习兵法。一天，学儒学的儿子跑去觐见秦王，秦王说：“当今诸侯力争，所务兵食而已。若用仁义治吾国，是灭亡之道。”意思是如今各国诸侯以武力争夺天下，当务之急是预备兵马粮草。如果用仁义道德来治理国家，是自取灭亡。于是，秦王把这个学儒学的儿子处以宫刑，然后驱逐出境。而孟家另一个学兵法的儿子前去游说卫侯，卫侯说道："吾弱国也，而摄乎大国之间。大国吾事之，小国吾抚之，是求安之道。若赖兵权，灭亡可待矣。若全而归之，适于他国，为吾之患不轻矣。"意思是说，"我们是一个弱国，夹在几个大国之间勉强生存，强大的国家我们要侍奉，弱小的国家我们要安抚，如果依赖军事策略，亡国的事便指日可待了。像你这样的人才，要是被别国利用，肯定会对我国造成非常严重的祸害"。于是，卫侯赐其剁足之刑，之后放回鲁国。

回家以后，孟父悲愤不已，捶胸顿足去找施家算账。施家父子解释说："凡是顺应时机的就昌盛，违逆时势的便灭亡。你们所学的东西与我们相同，可是结果却大不相同，这是违背时宜的原因，并非是学错了东西。何况天下并没有永远正确的道理，也没有永远错误的事情。之前所使用的方法，今天有可能被废弃；今天所废弃的东西，未来也可能会被采纳。用和不用，并没有一定的对或错。只有迎合时机，抓住机遇，应对事变，不拘成法，才是智慧的表现。假如智慧不足，即便博学好似孔丘，计谋好似吕尚，也终会穷困潦倒，抑郁不得志。"孟家父子听后，恍然大悟。

南怀瑾先生在《列子臆说》中说："得时者昌，失时者亡。"时间不对，便得不到机会；即便有相同的本事，眼光不对，机会也把握不住。机会到了要知道把握，还要把握得对，这样才能成功。无论是天下大事还是个人小事，只要机会错过了，即使在后面不停地追赶也不会成功。正如上面所说的孟家两兄弟，他们和施家兄弟学的一样，为什么别人成功了，而自己却失败了呢？主要原因在于他们不懂得看准时机，把握机会，对环境和机运并不了解。

随时机而变

南怀瑾先生在解释“得时者昌，失时者亡”时，也强调凡事要随时机而变，以精准的眼光抓住当前的时机，千万不能墨守成规。

从前，宋国有位行走江湖的卖艺人，他凭借自己的杂技获得了宋元君的赞赏，得到了许多金银财宝。另外一个走江湖的人听说之后，也前去求见宋元君。可是万万没想到，宋元君不但没有奖赏，反而勃然大怒，说道：“上次有一个耍杂技的来，其实他的杂技也没什么特别，恰好赶上我心情很好，于是就赏赐给他很多东西。这个人肯定是听说这件事才跑来的，一定是想获得我的奖赏。”

最后，宋元君下令将这个走江湖的抓了起来，监禁了一个月才将其释放。此人觉得自己非常倒霉，回家之后反思了几天，在上元节这一天跑去宋元君跟前表演最拿手的轻功，获得大臣们的赞赏。宋元君心情大好，于是给了他很多奖赏，并指派他留在宫中继续表演。

这个故事说明了把握时机的重要性。一个人如果随波追流，见有人成功便立刻模仿，不顾一切追随，十有八九不会成功。但只要用心分析变动的时机，找准机会把握住，或许就成功了一半。人要懂得处世，懂得“得时”的重要性，南怀瑾大师所要阐述的也正是这个道理。

·4·

谈自我：生命的现实，客位的名利

一个人去掉这些外表的名称，他就永远没有忧愁。

——南怀瑾

鬻子曰：“去名者无忧。”道家思想认为，所谓名利者，是处在生命现实的客位，来往不停，可有可无，永远不是最重要的。但世间众人却趋之若骛，追逐不止，认为拥有名利就是尊荣的象征，没有名利则低人一等。得了尊荣可以逸乐，低人一等只能愁苦度日。因为人人都不愿愁苦，人人都渴望逸乐，因而就将追求名利当作人生第一要事。事实上，追求名利拖累了人生，人们只想着名利，生命精神垂危而不知自救，计较那些逸乐愁苦又有何用?

南怀瑾先生在《列子臆说》中引用鬻子的名言来说明生命本质与名利之间的关系，并发出这样的感叹：“名固不可去，名固不可宾！人为什么那么愚蠢？被这个虚名骗，被这个外客骗了。”只有真正的“去名”者，才能做到人生无忧。

名利是生命的过客

世上大多数人一辈子追求的不过是功成名就，衣锦还乡，但是奋斗一生却忘记了生命的本质应该是什么样子，迷失在功名利禄里的心灵就如同洁白的美玉有了斑点，精美的绸缎有了污痕，实在令人感叹。但是也有人不忘初心，只是为了自己的理想而奋斗，既不庸庸碌碌，也不随波逐流，畅快淋漓地战斗，而后干干净净地离去，他们才算真正明白了生命的价值。

春秋时期，晋太子重耳被迫流亡，途经一处渺无人烟的地方，又累又饿。大家万分着急，介子推走到僻静处，从自己的大腿上割下一块肉，煮了一碗肉汤给太子。重耳渐渐恢复了体力，当他发现肉是介子推从自己腿上割下的时候，感激地流下了眼泪。十九年后，重耳做了国君，也就是历史上的晋文公。即位晋后文公重赏了随他流亡的功臣，唯独忘了介子推。很多人为介子推鸣不平，劝他去讨赏，可是介子推最鄙视那些争功讨赏的人。他打好行装，同母亲悄悄地隐居绵山。

晋文公听说后羞愧莫及，亲自带人去请介子推，然而绵山山高路险，树木茂密，寻找两人谈何容易，于是有人献计，从三面火烧绵山，逼出介子推。大火烧遍绵山，却没见介子推的身影，火熄后，人们才发现背着老母亲的介子推已坐在一棵老柳树下死了。晋文公见了，悲痛不已。之后，众人从树洞里发现一封血书，上面写道："割肉奉君尽丹心，但愿主公常清明。"

为了纪念介子推，晋文公下令将绵山改名为"介山"，这一天全国不准生火，只吃瓜果点心一类的冷食，定为"寒食节"。第二年晋文公率众臣登山祭奠，发现老柳树死而复活，便赐名“清明柳”，并召告天下。此后，晋文公把血书带在身边，作为鞭策自己执政的座佑铭，并且勤政清明，把国家治理得很好。

介之推正是把名利视作过眼云烟，坚持心中的正义，实现了自己的抱负后归隐田园，安贫乐道。即便在临死前的最后一刻，他也能以其正义之心引导晋文公励精图治，当个好国君。正如南怀瑾先生所说：“虚名是假的，生命的现实才是真的，所以人不要被外面的虚名所骗。名是客人，活着才是主要的事。”

人生的意义在于实现自己应有的价值

大千世界芸芸众生，也许你并不不起眼，但也要努力实现自己的价值。

伊尹是商汤的一个厨师，是个奴隶，身份卑微，为了引起商汤的注意，就在饭菜上做文章，有时把饭菜做得美味可口，有时却故意做得咸淡不均。商汤很是纳闷，便把伊尹找来问是怎么回事。伊尹回答说：“做菜不能太咸，也不能太淡，只有把作料放得恰到好处，吃起来才有味道，治理国家也一样，既不能操之过急，也不能松弛懈怠。只有把握好分寸和时机，才能把事情做好，国家才会兴旺。”伊尹的话可算是说到商汤心里去了，他没想到一个厨房里的奴隶竟如此有才华，大喜过望，随即解除了伊尹奴隶的身份，任命他为右相。后来伊尹帮助商汤灭了夏朝建立了商朝，为商朝理政安民六十余载，当了三朝元老，权倾一时，而且治国有方，后世称之为贤相。

南怀瑾先生说：“芸芸众生，形容众生有那么多。可是这世界上一般人都被名所骗，拼命求名。”那求名之外呢？我们是不是应该把手段与智慧用到实现自己的抱负上呢？人生如白驹过隙，不过短短数十载，做有意义的事情才能让自己的生命闪闪发光，不辜负这一世人间。

·5·
谈忧患：夫忧者，所以为昌

因为能谦虚，知忧患，才能永远保持下去。

——南怀瑾

孔子曰：“夫忧者所以为昌也，喜者所以为亡也。胜非其难者也，持之，其难者也。贤主以此持胜，故其福及后世。齐楚吴越皆尝胜矣，然卒取亡焉，不达乎持胜也。唯有道之主为能持胜。”南怀瑾先生在《列子臆说》里详细解释了这段话，一个人只有随时保有忧患意识，才会大有前途。如果忘记了忧患而变得傲慢自大，自以为了不起，这个人就非失败不可。越觉得自己努力得不够，困难重重，越有成功的可能性，所以忧患就是成功的重要条件之一。一个国家也是如此，如果认为一切都好，骄傲自满，并因此而安于现状，这就是灭亡前的先兆。一个国家取得胜利并不困难，困难的是永远取得胜利。贤明的君王深谙这个道理，所以要随时审视忧患，更正错误，从而使国家繁荣昌盛，得以持久。

无外患者，国恒亡

一个国家如果没有外在压力的威胁，自以为一切太平无忧，那么离亡国也就不远了。夫差与勾践的故事就足以说明这一点。

吴王派兵攻打越国，结果大败于越王勾践，吴王受了重伤，临死前嘱咐儿子夫差一定要替他报仇。夫差牢记父亲的话，日夜加紧练兵，两年后率兵再次攻打越国。这次勾践处于劣势，被包围后无路可走，准备自杀。这时谋臣劝住他说："我们可以贿赂吴国的大臣，暂时投降吴国，留下性命以图东山再起。"勾践听从谋臣的建议，用美女西施和珍宝贿赂吴国大臣，很容易见到了吴王夫差。

越国谋臣见了吴王，献上西施说："越王愿意投降，做您的臣下伺候您，请您饶恕他。"伍子胥站出来大声反对道："人常说治病要除根，勾践深谋远虑，文种、范蠡精明强干，这次放了他们，以后他们一定会想办法报仇的！"而夫差以为越国已经不足为患，又看上了西施的美色，就不听伍子胥的劝告，答应了越国投降，把军队撤回吴国。

吴国撤兵后，勾践和大夫范蠡到吴国伺候吴王，放牛牧羊，终于赢得了吴王的欢心和信任。三年后，他们被释放回国。勾践回国后发愤图强，立志复仇。他怕自己贪图舒适的生活，消磨了报仇的志气，于是睡在柴草上，还在房顶挂了一只苦胆，每天吃饭、睡觉前都尝尝。他派文种管理国家政事，范蠡管理军事，自己则亲自到田里与农夫一起干活。勾践的这些举动感动了越国上下，经过十年的艰苦奋斗，越国终于兵精粮足，转弱为强。而吴王夫差自从战胜越国后，以为没有了后顾之忧，从此沉迷于西施的美色，过着骄奢淫逸的生活。他狂妄自大，骄傲自满，杀了忠臣伍子胥。这时的吴国貌似强大，实际上已经在走下坡路了。

吴越之战再次爆发，勾践一举打败吴兵，杀了太子。夫差听到这个消息后，急忙派人向勾践求和，但范蠡坚决主张要灭掉吴国。夫差见求和不成，后悔没有听伍子胥的忠告，非常羞愧，便拔剑自杀了。

这个故事正体现了南怀瑾先生所说的，君主必须保持忧患意识，因为一个国家太平安乐久了，人们的意志就会松懈，所以一旦有强敌进攻，就会毫无还手之力。保持忧患意识，时时刻刻警惕潜在的危机，才能屹立不倒。

人生在世，必有近忧

我们说的必有近忧，是指必须有一种危机感，这种危机感会促使我们积极寻找不足，查漏补缺，是积极进取、努力向上的动力之所在。

一只野猪在树干上磨牙，一只狐狸见到了，问它为什么不躺下来休息享乐，而且现在也没有看到猎人和猎狗。野猪回答道：“等到猎人和猎狗出现时再来磨牙，一切就都来不及了。”

比尔·盖茨曾说过这样一句话：“所有员工都要有这样一个意识，微软公司还有三个月就要倒闭！”这似乎是杞人忧天、令人费解的，其实不然。比尔·盖茨这样说，是要求员工要有忧患意识，要不断进取，正是因为这种精神，微软公司才能在世界站稳脚跟，成为全球知名的企业。作为一个普通人，我们要用忧患意识来不断鞭策自己；作为一个领导者，更要用忧患意识来管理企业、治理国家。见微知著、未雨绸缪是个人与组织发展的根本之道。

·6·
谈判断力：不能接受的赠予

不要轻易接受别人的赏赐，特别是上级轻易的恩惠，反之同样会有轻易的祸害，这就是人生哲学。

——南怀瑾

“不能接受的赠予”出自《列子臆说》，讲的是列子的一个故事。南怀瑾先生解释“不能接受的赠予”时，特别强调当一个人陷入困顿时，他的判断力尤为重要，什么样的馈赠可以接受，什么样的情况可以求人，这不仅要审时度势，还要拥有一定的智慧和勇气。

判断需要智慧

列子，战国时期郑国圃田人，著名的思想家、寓言家与文学家，是老子和庄子以外又一位道家思想的代表人物。就是这样一位在学术上造诣颇深的人，家境却非常穷困，甚至连饭都吃不上，身形非常枯槁瘦弱。

有一天，一个人对郑国君王郑子阳说，列子是个道行很深的人，不仅有学问，而且品德高尚。这样一位哲人竟然在郑国生活得异常贫困，是郑国和国君的耻辱，会让人认为郑国不重视有道德、有学问的知识分子。

郑子阳听了这番话以后，深觉惭愧，立刻派官员送粟米给列子。粟米是当时五谷中的一种，在古代也能当钱币使用，有着货币的流通价值。郑王送粟米给列子，不仅可以让他吃饱肚子，还能用以购置一些自己想要的东西。但列子见到国君派人送粮食来，却非常客气地行礼致谢，无论如何都不肯接受这份赏赐，最后使者只好回去了。

国君派来的官员离开之后，列子回到屋中，他的妻子捶胸顿足，十分生气地说："据我所知，一个有知识、有能力的人，会让自己的妻儿过得非常舒服。你常常自诩是有学问、有能力的人，可是我们却连饭都吃不饱。今天国君派人给你送粮食，你却拒不接受，难道想活生生看我们饿死不成。"

列子连忙解释说："你要了解，国君派人给我送粮食，并非是他真正了解我是什么样的人。他草草接纳别人的建议，是想证明自己非常有风度，爱护天下有学问的人，所以才送粮食给我。假如有一天，别人说我的坏话，他就会派人来杀我了。"

列子的判断十分正确，郑王礼贤下士，并非真心认同列子是大学问家，送粮食也不是他的本意，是因为受左右之言的影响，想要表现自己是贤君，因而才要招揽列子。这样的恩惠和馈赠，列子不会轻易接受，否则很容易给自己招来祸患。果然，郑国很快发生政变，郑子阳被人杀了，假如列子当时接受他的赏赐，担任官职，那么政变者也会将他列入郑子阳一派，把他杀掉。

南怀瑾在《列子臆说》中讲列子的故事，就是要告诉我们，一个人越是穷困潦倒，接受别人的赏赐越要谨慎，特别是上级轻率的恩惠，有可能招来意想不到的祸害。他认为，列子没有接受赠予，并非是故意清高，而是考虑到了这种赠予会给自己带来什么样的后果。过于轻易得到的东西不一定会给我们带来幸福，有时反而是痛苦，甚至会让我们的处境更加糟糕。

求人需要勇气和原则

古人说“人到无求品自高”，意思是说一个人到了处世无求于人的时候，他就是天地之间第一等人，品格自然就高尚了。古人还说：“求于人者畏于人。”拿人的手短，吃人的嘴软，不讲原则地求人很容易令自己陷入尴尬之地。

有一次，庄子去向朋友借粮食，一进门，什么客气话都没讲，开门见山地就对朋友说：“我来借粮，你有没有？”朋友说有，庄子拿到粮食说：“今天我没时间，有什么话下次再谈。”说完就走了。有人对庄子说，借粮的时候不客套几句，这样好像很没礼貌。庄子说道：“求人的时候最怕客套，假如他说没有粮，那么我会说没关系，我去找别的朋友借，再见，这样是非常痛快的。但是如果我坐下来，和他聊上几句，最后再拐弯抹角开口借粮，那实在很难开口。即便我开了口，对方告诉我现在没粮，彼此既难过又伤感情。”

庄子求人时表现得干脆利落，绝不多啰嗦一句话，这既是一种勇气和智慧，也是做人的原则。因为只有行事坦荡，才可以避免尴尬，不会在求人问题上低人一等，否则不但有损自己的人格，还让彼此难堪。

在人际关系中，唯求人一事十分困难，无论是高高在上的君王，还是平凡的百姓，谁都无法在求人的时候坚守原则，做到胸怀坦荡。古代的智者认为，当你坦荡地去求一个人的时候，对方无论拒绝或答应，也能坦荡回应，这样的人值得交往。

道理很简单，因为你能求的人，在你看来都是好人，才肯和他多往来。如果此人在你求他的时候态度爽快，不令你低人一等，不令你尴尬难堪，这样的人就是值得交往的。反倒是那些吞吞吐吐、不够干脆、心中对你颇多忌讳的人，与他交往，恐怕会付出一些不菲的代价。

南怀瑾对此深以为然，他认为人生处世不仅要有智慧，还要有高度的判断力。人的一生总有困顿之时，不随便接受别人的赠予，不轻易让自己陷入难堪，这是做人的哲学，也是带有智慧的判断力。

·7·

谈识人：伯乐说良马与天下马

很好的人才，没有碰到一个赏识的人，不管你是什么雄啦！大英雄，小英雄，乃至别的英雄，一生就那么埋没下去了。

——南怀瑾

伯乐曾经叹息着说道：“得其精而忘其粗，在其内而忘其外。见其所见，不见其所不见；视其所视，而遗其所不视。”意思是说，深得它的精妙，而忘记了它的粗糙之处；明悉它的内部，而忘记了它的外表。只看见所需要看见的，看不见所不需要看见的；只视察所需要视察的，而遗漏了所不需要观察的。这是他总结九方皋选千里马的精髓，也是识人论事的不二法门。

南怀瑾先生在《列子臆说》里也解释了这个故事。秦穆公特别喜欢马，当时有个名马师叫伯乐，他懂得相马，可以给马治病，还能同马说话。所以天下所有的马，只要他看一眼，就知道是不是良马。对于人的一生来说，遇到懂得赏识才能的人是十分重要的。但是茫茫人海当中，看出哪些人是英雄，哪些人有才能，这是非常困难的。拥有伯乐的才能，便可一望就知。

相马如相人，内在比外在重要

南怀瑾先生认为，相人与相马一样，不能只看外表。伯乐年老之后，秦穆公让他传授相马的经验。伯乐回答说："一般的良马可以从外形、容貌、筋骨上观察出来，而天下难得的千里马却不容易辨识，非得专门识马的人才可以寻找到。"他推荐了一个叫九方皋的人，说此人能够识别天下难得的好马。于是秦穆公见了九方皋，派他去寻找好马。

三个月后，九方皋回来报告说："我已经在沙丘找到好马了，是一匹黄色的母马。"秦穆公派人去把那匹马牵来，一看，却是一匹纯黑色的公马。秦穆公很不高兴，说道："你连毛色公母都不知道，怎么能懂得什么是好马呢？"九方皋回答："我所观察的是马的天赋和内在素质，深得它的精妙，明悉它的能力，而忘记它的外表。它是黑色或者黄色有何重要？"于是秦穆公把那匹马牵回来，加以驯养，事实证明，它果然是一匹天下难得的千里马。

无论是在什么时代，杰出的人才都非常难得。一般有才能的人可以从外表、学历、家世背景判断出来，但真正的顶级人才则需要有伯乐的挖掘。优秀的人才往往为人木讷，不善交际，比如世界上那些著名的科学家、哲学家、艺术家等，尽管外表不符合人才的标准，但他们却是顶级的天才。

南怀瑾先生认为，不具备识人的眼光，就会错过人才；而没有伯乐挖掘赏识，人才也终将埋没。因此，人才难得，伯乐亦难得。

识人，需要用心体会

世人的面孔多种多样，人心更是各有不同、变幻多端，很难判断出真正的企图。因此，识人不能只看表面，还得用心去辨别判断。古语云：“画虎难画骨，知面不知心。”看人要看内在本质，不能被表面蒙蔽。

森林里有一只狐狸为躲避猎人的追赶东奔西逃，恰巧遇见了一个樵夫，它请求樵夫让它躲藏起来，樵夫答应了它，让它去自己的小屋里躲着。不一会儿，许多猎人追到小屋前，问樵夫：“你看到一只狐狸了吗？”樵夫故意大声喊道：“不，我没有看见狐狸经过这里。”但是他的手却指向小屋，向猎人们示意狐狸就在屋子里。猎人们没留意他的手势，但这一切却被狐狸看在眼里。猎人走远后，狐狸从小屋出来，什么都没说。樵夫责备狐狸说：“喂，我救了你一命，你连一句谢谢也没有吗？”狐狸轻蔑地笑了，回答说：“如果你的手势与你的语言是一致的，我就该好好地感谢你了。”

生活中不乏像故事中樵夫一样的人，表现出一副热心肠的模样，向人积极伸出援手，可背地里却干着伤天害理的事情，还想要别人感谢他。面对像樵夫一般心口不一的人，一定要睁大眼睛看仔细，不要被花言巧语所欺骗。

·8·

谈用人：贤者任人，故智尽而不乱

对人才要忍、要等，能够知贤，信任别人，你就成功了。

——南怀瑾

列子曰："色盛者骄，力盛者奋，未可以语道也。故不班白语道失，而况行之乎？故自奋则人莫之告。人莫之告，则孤而无辅矣。贤者任人，故年老而不衰，智尽而不乱。故治国之难在于知贤而不在自贤。"

这段话的意思是说，有些骄傲的人，气势十分强盛；有些勇猛的人，力量十分强大，他们都觉得自己很厉害，没有耐心听别人讲道理。这种人往往刚愎自用，独断专行，不重视别人提出的建议，付诸行动时难免失败。一个自恃勇猛强大的人，别人不会告诉他道理，更没人会提醒他的错处，最终只能沦为没有人帮助的孤家寡人。因此贤明的国君能知人善用，使自己年老时也不至于衰败，就算智力用尽了，力气没有了，也不会给国家造成混乱。所以治理国家的难处在于是否能任用贤人，而不只是自己贤能。

贤者任人，要有一双慧眼

南怀瑾先生在《列子臆说》中这样解释这一观点：贤者重用人才，年老的时候就不会因糊涂而犯错。因为任人恰当合适，就可以培养年轻一代，辅佐事业，即便年老也不担心。所以，所有贤能的领导者都拥有一双慧眼，能够充当“伯乐”角色的人才会成功。

正是因为千里马常有而伯乐罕见，故而南怀瑾先生在《列子臆说》中说道：“创业，做个领袖，成功的难处在哪里？在知贤，认得人，这人是不是人才，要看得准，拿得稳。”

刘邦是历史上出了名的慧眼识人、明察秋毫，他对人才有敏锐的洞察力和判断力，楚汉之争后，他向大臣这样解释自己胜利的原因：“张良擅长运筹，定策帷帐之中，决胜千里之外。萧何擅长管理国家，安抚体恤百姓，供应馈饷，支援军队的后备。韩信是一个将才，统领百万大军，战无不胜，攻无不克。这三人都是贤能的人才，我有幸能重用他们，因而才取得天下。”刘邦任用张良、萧何和韩信，从定制谋略，到安抚百姓，再到上场打仗，全都安排得井然有序，发挥出每个人的长处和潜能。如果刘邦仅凭借自己的力量，很难对抗项羽大军，更不要说成为开国皇帝。他网罗天下英才，准确地判断出贤能人才的长处，使之各尽其才，从而形成了巨大的合力，并最终取得了楚汉之争的胜利。

贤者任人，要有大胸襟

一般与“贤者任人”相连的还有一句“无爱于士”，意思是说对人才不要有吝啬之心、苛责之心和怀疑之心，更不要斤斤计较。南怀瑾先生认为，一个领袖完全信任属下，这是需要气度的，十分不易。这就好像一个老板听说属下偷了他一百块钱，气得一夜睡不着觉，第二天就将属下开除，这样的老板很难成功。毫无证据就怀疑人已是不对，即便属下真的做错事，也应宽容待之。成大事者，要有足够的气度和胸襟。

韩信很小的时候父母就去世了，因为贫穷，他常常遭到周围人的歧视和冷遇。有一次，一群恶霸当众羞辱韩信。其中一个屠夫说："你虽然长得高大，但其实胆子小得很。你要是真有胆子，就用剑来刺我吧，你敢吗？如果不敢，就从我的裤裆下钻过去。"韩信自知势单力薄，要是硬拼肯定会吃亏。于是他当着许多围观人的面，从那个屠夫的裤裆下钻了过去。韩信成了将军之后，有一次遇到那个屠夫，屠夫很害怕，以为韩信会杀他报仇。没想到韩信不仅没有杀他，反而封他为护军卫，他对屠夫说，没有当年的"胯下之辱"，就没有今天的韩信。

南怀瑾先生认为，人才并不是道德家，任用人才不必事事都追求完美，挑剔所有的方面。对人才应该有大胸襟，宽容而不苛责，这样的话就可以任用鸡鸣狗盗之徒去做普通人做不成的大事。为什么能这样呢？因为"士为知己者死"，一些有小缺点的人，如果能够得到重用，就会怀有感激之情，这是他们前进的最大力量。所以找到人才，留住人才，是作为领袖最基本的素养，也是贤者用人的根本之道。

Part 7

放下得自在，佛在平凡人间

——南怀瑾讲《药师经的济世观》

《药师经》是中国佛教的显教和密宗尊奉的一部经典，由唐代玄奘而译，内容主要论述药师佛为众生得益而发出“十二大愿”。药师佛也称“药师如来”，是专门治疗身心疾病的佛，南怀瑾先生对佛学涉猎颇多，所著《药师经的济世观》为人们的祛病、强身、修行、长寿提供有益方法。书中的重点在于阐释药师佛的“十二大愿”，并彰显出真正伟大的救人济世精神。南怀瑾先生以故事融会经义，旁征博引，使人能有所领悟。

·1·

谈苦难：婆娑世界，以苦为师

“婆娑世界，以苦为师”这句话出自净空法师的《华严经讲记》，佛经中所说的婆娑世界就是指“人的世界”，这个世界永远存在缺憾，永远也不会完美。释迦牟尼教化弟子，世人活在这个婆娑世界之中，便一定要受苦。但是这种苦并非一下就能体会到，就算体会到了，也不一定能解脱。在现实世界中，许多事情看得破，却不一定忍得过，忍得过却又放不下，而放不下便是不自在，这就是“苦”。

古灵禅赞禅师有一首诗偈说：“蝇爱寻光纸上钻，不能透过几多难。忽然撞着来时路，始信平生被眼瞒。”意思是说，许多人迷失方向之后，总希望寻找来时的路，唯恐失去了原本的自我，却常常陷入痛苦的网罗之中，树欲静而风不止，苦难连连，无法自拔。南怀瑾先生认为，与其陷入苦难而更苦，不如以苦为师，寻求解脱的方法。

以八苦为师

佛陀教导弟子们要以八苦为师，虽然苦本身被人们所厌恶，可是假如因受苦而奋发图强，就能将痛苦的压力变作动力。正如孟子所说：“天之将降大任于斯人也，必先苦其心志，劳其筋骨，饿其体肤，空乏其身，行拂逆其所为，所以动心忍性，增益其所不能。”老子也说：“祸兮福之所倚，福兮祸之所伏。”意思是说，坏事可以变成好事，苦难在很多时候是通往成功和幸福的阶梯，只要擅长以苦为师，苦中也能生出乐趣。

八苦第一便是生苦。每个人一出生就有苦，有如迷途一般，娇嫩柔弱，无依无靠，恐惧害怕，所以生本身就是一种苦。每个人也都有老苦，身心衰损朽坏，器官老化不中用，心力交瘁，思维迟钝，这些都会让人感到苦不堪言。有些老人无所事事，害怕孤寂，担心被子女遗弃疏离，渴望寻取温暖和亲情，回想年轻时意气风发，不料晚年境遇孤单凄凉，这便是老苦。人体百病丛生，所以有病苦。寿命享尽，死期到来，恐慌悲痛，这就是死苦。人活一世总会有冤家，有不睦的人际关系，生气怨恨就产生了“怨憎会苦”。与至亲和相爱的人别离分散，是爱别离苦，常使人泪流满襟。一生之中希望获得喜爱的东西，渴望实现伟大的理想，但结果却得不到，这叫作求不得苦。我们对身心五蕴产生执著，欲念难平，称为五取蕴苦。

这八苦是世上每个人都逃脱不掉的，令人痛不欲生，而我们若能以八苦为师，勇于面对苦难，正确认识痛苦，就能找到解脱的方法。南怀瑾在《定慧初修》中说：“任何一件事要想成功，都必须因缘具足。”要想超脱痛苦，便要以苦本身作为因缘，从中领悟智慧，才能成为一个内心强大、与苦难抗争的人。

化苦为乐，方为大乐

南怀瑾先生认为，众生生活在极大苦难之中，苦难是人类的老师，人如果不遭受苦难，便很难觉悟。苦并非是物质之穷，也包含精神等多层次与多方面之苦。如果懂得化苦为乐，就会将苦难的生命转变成快乐的人生。

法国大作家巴尔扎克一生工作非常辛苦，因为不够精明，做生意常常失败，债台高筑，只好依靠写作支撑生活。他的生活苦不堪言，经常身无分文，但他以苦为乐，过得也很自在。有一天晚上，巴尔扎克从睡梦中醒来，发现一个小偷溜进来翻他的抽屉，他饶有趣味地看着小偷，哈哈大笑。小偷问他笑什么，巴尔扎克说："我白天翻了很久，连一毛钱也找不到，你在黑夜里能找到什么呢？"小偷十分沮丧，转身就走。巴尔扎克笑道："请你把门给我关上。"小偷生气地说："你家穷得什么也没有，关门干什么？"巴尔扎克说："关门不为了防盗，而是用来挡风。"

巴尔扎克在穷苦的时候仍然保持大文豪的睿智和幽默，将痛苦转化为快乐。他曾经立下一个心愿："拿破仑的剑做不到的，我的笔能完成。"果然他做到了，在艰难的境况中完成了许多伟大的作品，为世界留下了宝贵的精神财富，这就是一种了不起的以苦为乐的精神。

苦与乐往往是可以互相转化的，释迦牟尼在当王子的时候，生活富裕，不缺金钱、女色和权力，但他却看到了生老病死的人生之苦，毅然决然放弃王子身份，去寻求解决痛苦之道。他选择了出家之路，虽然物质生活变得清苦，但他却发现了人生的真正乐趣。他在深刻体验苦难的同时，也追寻到了一种"涅槃寂静"的快乐。

所以，苦是人生的调味品，体验了苦，才能透彻了解何为乐、何为甜。我们应当以苦为乐，享受生活。

·2·

谈般若：悟来悟去悟了个空

真正的开悟并非循序渐进的，它好像深渊一般，你跳或者不跳，都是个空。

——南怀瑾

南怀瑾先生在《药师经的济世观》中讲到，般若就是形而上的道体，是宇宙万物的根源，也即是悟道之愿，明心见性，悟出一个道体。从佛学上讲，悟道就是见到那个道体的空性，也称为实相般若，属于智慧的一部分。

正因为如此，我们的聪明智慧只是意识的一部分，往往局限在现有的知识范围内，或者被现有的经验和感觉想象所限制。事实上，真正的道体是不能用普通的知识意识去思考的，更无法进行讨论和研究，它是不可思议、不可揣度的。

开悟也是空

南怀瑾先生认为，真正的开悟不是靠循序渐进的研究达到的，因为一切循序渐进的研究都属于头脑的思维意识，但开悟却并非运用头脑，其是超越头脑思维的。所以不可能一步一步开悟，只有一下子跳进去，不能逐级走下台阶，那个地方没有台阶。

石恐禅师与西堂禅师是一对师兄弟，时常在一起参禅。有一次，石恐禅师开玩笑似的问西堂禅师："你会捉虚空吗？"西堂禅师毫不犹豫地答道："会。"石恐禅师很惊讶地问道："怎么捉？"西堂禅师用手在空中抓了一下，说道："就这么捉。"石恐禅师摇一摇头，说："你不会捉，并非像你那么捉的。"西堂禅师很不服气地反问："那你说说应该如何捉？"石恐禅师一把将西堂禅师的鼻子拽住，疼得西堂禅师大叫："师兄快放手，这个虚空很疼，鼻子快被拽掉了！"石恐禅师松开手，笑着说："必须这么捉虚空才可以。"西堂禅师摸着自己又红又肿的鼻子，对师兄说："多谢师兄指点！"

这个故事讲的是抓虚空，鼻孔中便是虚空，而这个空却是无法抓住的，因为只要一抓就抓到了鼻子的实体，鼻孔中的虚空也随之消失。因此，看似荒谬的悖论却阐明了事实。我们所能开悟的、唯一能抓住的实有，便是空无。

般若实为愿心

般若的内容包含悟道之愿，虽然悟道为空，但以愿心悟道，即便结果是空，也能得到"实"的道愿。

有这样一个故事：禅师在寺院里种了许多菊花，秋天时花开满院，香味随风飘散，引来许多村民观看。有一个人也想栽种，便开口向禅师索要一株，禅师亲手挑选最好的菊花送给他，那人十分欢喜，决定要把菊花种好。别人看见之后，也都向禅师要菊花回去种，这样一来，寺院中的菊花全都被人要走了。弟子们看见满院的凄凉，都忍不住说："太可惜了，院子都空了，再也没有满院飘香了。"禅师微笑："虽然空了，但你们想一想，过不了几年，将是满村的花香，我们这里的菊花空了，村子里的菊花更满了。"

这就是般若的悟道之愿，只有发了愿心，才能自然而然地结成善果。佛陀悟道空无，却时刻以天下苍生为念，悟来悟去悟了个空，这种空却是一种般若的心境。般若是最本源的实相，实有便是虚空的另外一种表现。正所谓"千江有水千江月"，月亮只有一个，照到千条江水中，便有千个月亮。无中孕生有，有产生于无，悟道为空，却落在实处。

·3·
谈修行：枯坐无用，学佛注重在行

真正的修行，不只要修心，更要有实际行动。

——南怀瑾

南怀瑾先生在《药师经的济世观》中谈到，学佛要注重行，那么什么是行呢？就是不能只是口头上说，还要身体力行。对普通人来讲，学佛多偏重于求知，即获取知识，而忽略力行，知行无法兼顾。通常越是聪明颖悟、知识充实的人，行为力越弱，往往流露出放荡不羁的行为，与学佛的精神格格不入。因此，修行的前提是有行动，要先学会如何做人，如何将佛心与行动统一起来。

要修行，先做人

南怀瑾先生说：“先学做人，能把儒家四书五经等做人之理通达了，成功了，学佛一定成功。就像盖房子一样，先把基础打好。人都没有做好，你要学佛，你成了佛有什么用？要先学做人，人成了，就是成佛了。佛法告诉你的就是这个道理。”

从前有个小孩非常聪明，学什么都特别快，因此父母对他十分溺爱。他长大之后变得非常懒惰懈怠，学习不用心，工作不努力，家族企业也因此破产。他的境况已经这样落魄可怜了，但是邻居对他的非议并未停止。有一天，他悲愤至极，想要寻佛出家，但是佛知道他的遭遇之后，始终不肯收他为徒，并对他说：“假如你可以回家痛改前非，勤奋工作，复兴家业，我肯定会收你做徒弟的。”我们都知道佛是大慈大悲的，但是也不愿意收留这种颓废不堪、不肯力行的人。后来，这个人遵从了佛的指点，回家以后努力工作，力行孝友，名声渐渐好了，但心中始终念着佛的恩惠，便再次前往求佛出家，佛说：“你如今不必出家，也修成正果了。”

这个故事告诉我们，要力行求知，懂了之后就去实行，达到知行合一，才能把事情做好，不让所说的话成为空谈。南怀瑾先生认为，求知的人应该先有一颗力行的心，因为力行本身没有标准，因此才要到经书中寻找榜样。

凡是经书上所说的布施、持戒、忍辱等好事都应该学着去做，烦恼、污秽等坏事都应该学着去断，假如没有这种心态，那么学得再多也是无用。

做到才是学佛的真谛

学佛的真谛是要做到，假如做不到，即便偶尔有超脱的见解，在修佛的心境方面偶尔有一下空灵，那也不能称得上是禅，每个人都有可能做到。南怀瑾先生认为学佛注重行到，不在于枯坐，即便天天坐于家中，坐一万年也坐不出什么道理来。如果单纯靠打坐就能成佛的话，那么世间的石头岂不都能成佛，所以行不到是没有用的。

以前，有一位老方丈准备寻找一位衣钵的继承人，寺中的和尚们知道之后都急不可耐，跃跃欲试。有一些和尚诵经的时间要比往常更长了，整天起早贪黑，就怕落后于人，一天下来，念得口干舌燥。只有一个小和尚好像什么事情都没发生一样，和往常一样诵经洒扫，劈柴做饭，化缘行善。时间一天天过去，终于到了传衣钵的日子，所有和尚都早早来到大殿等候，老和尚慢慢地走到小和尚面前，亲手将衣钵传给了他，并说道："你们知道我为什么要把衣钵传给他吗？"众人摇摇头，表示不解。老和尚继续说道："你们整日修行，修到什么了吗？其实真正的修行，不只要修心，更要有实际行动。光说不做，是很难修成大的功果的。"和尚们听了之后，都沉默不语。

很多人在读书求学的时候，常常认为小事浅近，不值得做，而对深理又认为太玄奥，不可以做，这样高不成低不就，一次放任过去，就次次放任过去，读的书越多，知而不能力行也就越多，最终彻底没了求行的心念。偏重知识，不求力行的根源在于起初读书的时候只抱有求知的心，而没有力行的心，结果导致言行不相应。

所以，我们应该积极将书中的道理，用实践的精神表现在现实生活当中，在力行的过程中，改过迁善很重要。我们不用好高骛远、标新立异，改掉小毛病才是当务之急。正如古语所说：“小行不修，终累大德。”就好像做汤一样，假如锅中残留着臭汤，即便用再精妙的技术也不可能做出鲜美的汤来。换句话说就是，不管学问有多高深，假如品行不端的话，也绝不可能成为伟人。

总而言之，不管是学佛，还是做任何事，都应该在求知的同时存有力行的心，达到知行合一，双方平衡。

·4·

谈因果：转身人间好果报

因缘会遇时，果报还自受。

——南怀瑾

佛学上有个偈子：“欲知前生事，今生受者是。欲知来生事，今生作者是。”意思是说，要想知道自己前生是个什么样的人，做过什么样的事，就要看今生的遭遇。要想知道自己的来生如何，就要看今生做了什么。前世做了坏事，那今生就会受难；今生做了善事，那么来世一定会有善报。这一切的一切，都有因果。

我们每个人的人生际遇为什么会不同？南怀瑾先生认为，这是由我们前面很多世的果报决定的。所谓前世的因，也就是我们前世的善、恶、无记这三种业力形成的种子，会在这一世生根发芽，变成现行，也就是现世的报应。因果就是这样来的。

三世因果，六道轮回

《药师说末劫经》中说道："多饶财宝，仓库盈溢，形相端正，眷属具足，聪明智慧，勇健威猛，如大力士。"南怀瑾先生认为，做人做到形相庄严，六亲眷属具足已不容易，还要"聪明智慧，勇健威猛，如大力士"。也就是说，修过药师如来的法门，加以至心行善的配合，而转生人间的果报。

佛学的基础建立在"三世因果，六道轮回"上。所谓三世，就是过去、现在与未来。也就是说，我们现在活着的时候，只是生命中的一部分，不论你活了多长时间，都只是生命的一段，你的这一世过去了，未来还会有下一世，还会有很多世。而在我们无数世的生命里，前生的因变成了今生的遭遇，今世造下的业又会成为来世的果报。说到"六道轮回"，"六道"指的是天道、阿修罗道、人道、畜生道、饿鬼道、地狱道，这六道是最简单的分类，详细来说不止六道。生命在六道之中轮回，有胎生、卵生、湿生和化生。我们会变成其他的物种，比如鸡鸭鱼等其吗？为什么生命会在六道之中轮回呢？这就与前世的行为有关，这些因果关系就演变成了六道轮回现象。

六祖慧能有一天要弟子拿出一包钱放在禅房桌上，晚上打坐时，有一刺客进来。六祖说：“前生我只欠你钱，没有欠你命，钱在这里。”这个人没有杀他，反而皈依了他。所以多生累劫所造的业债都是要还的，连佛陀也是一样，虽已成佛，也需还债。佛学故事中有好多祖师也都是还了债才坐化涅槃的。修持境界愈高的修行人，对于三世因果和六道轮回愈明白、愈清楚，便会愈畏惧。

古人有句话：“善有善报，恶有恶报，不是不报，时辰未到。”《易经》上也写道：“积善之家，必有余庆，积不善之家，必有余殃。”这都是因果观念。一个人做了好事一定会有善报，做了坏事就一定会有恶报。有些人做了坏事，当时没有受到惩罚，就会觉得因果报应是不存在的，但是佛经上讲的因果涵盖三生，当世没有受到惩罚，不代表你的下一世就是安稳的。同样，你这一世做了很多好事，但是依旧经历了许多苦难，这就是因为你上一世种下了因，才有了今世的果。而今世做的善事又是下一世的因，下一世你就会有好的果报。

因缘会遇，果报自还

南怀瑾先生认为，很多人不相信三世因果，是因为前世和来世都是不可见的。其实就过去、此刻、未来三者来说，你现在所遭遇的环境就是你此前所做事情的结果，而你此刻的行为又是未来结果的因缘。如果把一个失败的人生分为三个部分，二十岁是前世，二十到四十是今世，四十以后是来世，这样来看，现世的种种失败就是此人二十岁之前种下的因，而他现在的困顿颓废又为来世即未来种下因。这样一来，就能认清什么是因果了。

“假使经百劫，所做业不亡。因缘会遇时，果报自还受。”因果的道理非常复杂奇妙。有这样一则寓言故事：一对老夫妇生活贫困，仅靠一小块地为生，但他们将一个游方和尚请到家中供养，想做成一件善行功德。老夫妇身体不好，粮食种得也不好，加上遭遇天灾，稻米收成更少。到了秋天稻米成熟时，老夫妇本以为没有收成，没想到自家田里的稻米都是纯金的。这件事传到当地一个财主耳朵里，他坚持说这块田地是他的，用一块长稻米的田地将有黄金的田换走。老夫妇没有办法，只好交换了，并将稻米卖掉，换得银钱养家糊口。财主满心欢喜地将黄金搬回家去，可没过了几天，黄金却变成了一堆泥沙。财主没得到黄金，又损失了一块良田，气得大病不起。原来老夫妇供养的游方和尚是佛祖，他说：“因果报应，反复循环。老夫妇行了善事，也得善报；财主行恶事，自有恶报。”

在现在的社会中，很多人都不相信因缘果报，所以做事肆无忌惮，毫无顾忌和担忧，因而社会上也就出现了那么多的道德问题。不相信因果，不相信报应，无所顾忌，必然走向邪恶和灭亡。其实世界中的一切都在因果之中，做了违背道德的事情，良心就会受到谴责；做了违法的事情，法律就会制裁。这就是最简单的因果。

·5·

谈功德：行到有功即是德

果，行为到了，有成果，有功勋，才是真正的德行。

——南怀瑾

谈到功德，南怀瑾先生非常重视“果行”，就是行为产生好的结果，保持言行一致，知行合一。一个知识广博、学问极大的人讲求“为国为民”，如果他没有行动，就不算成功，也就不是果行。果行最后落在一个“德”字上，就是佛学所讲的“功德”。

莫以恶小而为之

果行的“德”的体现，即一个人在行为上保持操守，实践品行，有果才有功德，有功德才有贡献，成为一个有用的人，获得别人的信任和重用，才有可能走向成功。

曾经一个学习优秀的大学生，在德国留学时发现当地的公共交通售票处都是开放的，不设检票口，也没有检票员。于是他很庆幸不用买票就可以坐车，甚至因自己的小聪明而窃喜。在留学的几年间，他因逃票被抓了三次。毕业时，他填好了简历，准备进入跨国大公司发展。他本以为自己非常符合要求，一定可以被录取，结果却一次又一次被拒。最后他愤怒地冲进公司询问原因，经理很平静地告诉他：“你来求职的时候，我们对你的教育背景和学术水平很感兴趣，老实说，就工作能力而言，你就是我们要找的人。但是我们查了你的信用记录，发现你有三次乘公车逃票被处罚。”

留学生很不理解：“为了这点小事，你们就放弃一个有才华的人？”经理说：“我们并不认为这是小事。此事证明了两点：第一，你不尊重规则，而且你善于发现规则中的漏洞并恶意利用。第二，你不值得信任，而我们公司的许多工作是必须依靠信任进行的，如果你负责某个地区的市场，公司将赋予你许多职权。我们没有复杂的监督机构，正如我们的公共交通系统一样。”

在这位学生眼里，逃票只是一件微不足道的小事，但它却反映出很多东西的本质。生活中也是这样的，千万不要看到坏事很小，就满不在乎地去做，也同样不要因为好事很小，就不屑一顾。很多时候，成也小事，败也小事。

久要不忘平生之言

以果行而见功德，在很大程度上要实践诺言，这才是真正的功德圆满。《论语·宪问》中有这样的描述：子路问如何成人。子曰：“见利思义，见危授命，久要不忘平生之言，亦可以为成人矣。”孔子所说的“久要不忘平生之言”，意思是说一个人要坚守承诺，不能因为时间久了就忘记了以往的诺言。

相信大家都听过曾子杀猪的故事，妻子出门前，应付孩子说：“你在家等我，不要淘气，回来给你杀猪炖肉吃。”这本来是骗孩子的话，目的是不让孩子跟着自己上街，可是在曾子看来这就是承诺，为了教会孩子勿忘平生之言这个道理，他毅然决定磨刀杀猪。因为曾子知道，一言承诺，一行实践，都是非常重要的。既然有承诺，就一定要兑现，否则孩子长大以后很难成为践行诺言的人。

英国街头，一个衣衫褴褛的男孩在卖火柴，一位绅士买下了全部的火柴，男孩很感激，但同时也很为难，因为绅士所给的钱太大了，男孩没有零钱找给他。思索之下，男孩让绅士等一会，自己去其他地方换零钱。绅士等了一会儿，不见男孩回来，以为男孩是骗子，径自走了。第二天，绅士在办公室见到一个寒酸的男孩，询问后得知他是卖火柴男孩的弟弟，来这是为了送还绅士的零钱。小男孩昨天在换零钱的过程中不幸被车撞了，进了医院，因而没有及时送还零钱，今天一早醒来，就赶忙让弟弟打听了绅士的地址，送还零钱。绅士非常感动，愿意聘任男孩在公司里打杂，并将他培养成一名得力的助手。这是一个坚守承诺的故事，男孩实践诺言，因果行而成就功德。

所以，生活中，一定要信守承诺，坚持不懈，小事不小，有了果行，即可成就功德。

·6·

谈福报：善根退失，福报享尽

世间的福报是有穷尽的，每个人的光荣都是一下子，就像一支手电筒，每个人那个电筒都要亮一下，可是希望一辈子发亮是不可能的。

——南怀瑾

南怀瑾在《药师经的济世观》中说，由于一个人做不到至善，因而不可能获得全部的福报。而佛学中所讲的福报都是弹指之间就过去的，因为“善根退失，福报享尽”，意思是说一个人的善念善行没有了，他的福报也就到了尽头。

因此，要追随药师佛所教导的修行，时时提醒自己，让心中的善根永不退失。佛家所说的“善根”，每个人都有，但到底是真是假，到底能不能生根，却是十分复杂的问题。一个人偶尔高兴了，便显露出一点带有善根的曙光，但是善根的本质却没有深植在心，一旦环境发生变化，可能便会不如意，一脸凶神恶煞的表情显现出来，便与“善根”无缘了。

善根清净，不在财富多少

南怀瑾先生说，佛法通常分为两种，走出世间是清净，走入世间是红尘。红尘里的人生追求的是功名利禄，享受的是洪福，而人在善根清净的世界里享受的是清福。洪福易得，清福难享，很多人到了晚年，本应该善根清净，一享清福，却反而感觉更痛苦，害怕孤独寂寞，担心生老病死，所以连什么福也享不到。更有一些人以为家财万贯就是幸福，却不知福报来源于善根，而善根本为清净之心，与财富多少没有关系。

甲乙丙三人请教一位得道高僧，如何才能让自己很有福气，快乐起来。高僧问："你们活着都为了什么？"甲说："因为我不想死，所以活着。"乙说："因为我盼望儿孙满堂，他们都过得好，所以我活着。"丙说："我一家老小都靠我养活，我不能死，所以要活着。"

高僧说："你们这样活着，当然不会快乐，因为你们活着的理由是惧怕死亡、担心儿孙、为了不得已的家庭责任，却不是为了提升境界、追求理想、培育善根，怎么能快乐呢？"

三人十分不解，问道："我们认为有金钱、感情和名誉就会快乐，难道不对吗？"高僧回答说："你们这样做永远都不会快乐，也不会得到福报，烦恼和忧虑仍然跟着你们。"三人无可奈何："那该怎么办？"高僧说："你们要改变观念，用金钱布施行善就会快乐，将感情奉献出去就会快乐，用名誉为他人服务就会快乐。行仁爱者善根清净，必有福报，自然会快乐。"

这个故事充满智慧，告诉我们：善根和福报不在于财富多少。南怀瑾先生说："世界上最值钱的东西也最不值钱，最值钱的东西没有价钱，善心绝对无价，但是也一毛钱都不值，这就是佛常说的众生颠倒。"明代僧人有禅诗云："南台静坐一炉香，终日凝然万虑亡。不是息心除妄想，只缘无事可思量。"只有去除心中各种妄念，抛开名利欲望的干扰，一心行善，便可得福报。

求善根也要知行合一

药师经的重点是让学佛的人关注自己的行为，如果只是吃饱之后念一万句"南无药师佛"，或者供奉一个馒头、一盘素菜，这样的修佛之法人人都可以做到，无法培养出善根，也做不到知行合一。

南怀瑾先生认为，许多人抱着这样的心态去学佛，一点善心也体现不出来，一边诵经念佛，一边生气别人碰脏衣服，踢到鞋子，憋了一肚子的气，还要念南无消灾延寿药师佛。这样难道会有善报吗？学佛本身是行善得善果，达到至善才能获得福报的感应。

佛学的知行合一，就是要发出善心，勇于为众生担当。佛教有一句话叫作："我不入地狱，谁入地狱。"善根不是靠念经得来的，需要学佛者的行动，有善念又有善念萌发的行动，这样才能铸就善根。

有这样一个故事：佛陀有一次跟五百商人同船，船上有一个强盗，心中发出恶念，想杀了五百商人抢夺他们的钱财。佛陀知道强盗的心思，因而十分难过，如果将此事告诉商人，这五百人肯定要杀死强盗，就犯了杀生之罪，要入地狱。如果不告诉商人，强盗就会杀死商人，残害这么多的生命，他也会堕入人间地狱。

佛陀左思右想，最后想了一个办法，他自己将强盗杀了，这样一来，强盗不必入地狱，五百商人也不必下地狱，而佛陀虽然"杀一贼而救五百商人”，但毕竟逃不过杀生罪过，定会堕入地狱。佛陀说：“我不入地狱，谁入地狱？”用自己的善心解救了五百商人，同时也救了强盗免下地狱，这就是知行合一的大善之举。

南怀瑾先生认为，人的善根功德不退失，寿命终结时就不会堕入地狱，但那些福报享尽的人则一定会堕落。正如唐朝诗人杜甫在《自京赴奉先咏怀五百字》中所说：“朱门酒肉臭，路有冻死骨。”很多为富不仁之人，不管吃还是穿都讲究至极，却不肯捐献一分钱。到了战争来临时，他们连饭也吃不上，只好将身上的黄金拿来换吃的，但普通百姓没见过黄金，也不能拿来当饭吃，就都不要。最终这些人福报享尽，只能死于沟壑，不得善终。

《药师经的济世观》告诉人们，人生在世，无论做什么，都要有善心相随，加上善根清净，才能得到佛的感应，积累善缘福报。

· 7 ·

谈布施：以身饲虎，布施源自大慈悲

真正的布施是一种慈悲心肠，并不是有舍才有得。

——南怀瑾

什么是布施？布施并不一定是指金钱，有些人以为出了钱就有了功德，以为帮助了人就应该有所回报，大讲有舍才有得，抱着这种心态去帮人的人，不能称作是布施，更像是在做一笔不亏本的生意。

南怀瑾先生认为，无论是大乘佛法还是小乘佛法，都要以布施为先。在中国固有的文化中，布施是“仁”的发挥，而“仁”是由“人”和“二”组合起来的，就是指人与人之间，只有爱人，对他人慈悲才能称为仁。古语有云：“老吾老以及人之老，幼吾幼以及人之幼。”意思就是说，仁爱要从自己的亲人朋友开始，然后发展至社会众生，甚至是全人类。仁民是慈悲众生，由慈悲众生进而扩大到其他生命，爱一切生命。因此，仁心是佛教慈悲布施的根本，仁慈行为的第一步就是布施。

布施源自慈悲心

在佛学当中，布施是众善之门，一切的功德福报都从布施而来。那么布施需要怎样做呢？对父母师长尊重恭敬，对穷苦人病患者有悲悯同情之心，用爱心、金钱、时间、感情去救济帮助劳苦残障，以慈悲心、喜舍心、平等心和尊敬心对待众生，这就是佛教所说的布施。

很久以前，南赡部洲有一个大国，国王有三位王子，其中最小的王子生来就具有一副慈悲心肠。一日，国王带着王子们出宫游玩，半路上找地方休息，三位王子发现一只雌虎正在给两只小虎喂奶，小虎活泼可爱，可是雌虎却面黄肌瘦饿得发慌，好像要吞食小虎似的。小王子见此情景，便对两个哥哥说："那只雌虎已经瘦得皮包骨头，就要饿死了，它一定会将虎仔吃掉的。"

两位哥哥说道："假如雌虎饿死了，小虎没有奶吃也会饿死的。"小王子很难过："怎样才能让雌虎不饿死呢？"两个哥哥说："除非有新鲜的血与肉，否则它肯定会吃掉虎仔。"听了哥哥的分析，小王子打算牺牲自己的性命，去救活雌虎和虎仔。他来到雌虎面前，毫不犹豫地将身体伸向虎口，令人意外的是，雌虎看了他一眼，却闭着嘴不吃。小王子舍身喂虎心意已决，便干脆找来一根尖锐的木头，猛戳自己的身体，让鲜血汩汩流淌出来。雌虎一见到鲜血，马上恢复了精神，吐出鲜红的舌头开始舔食小王子的鲜血，喝饱了血之后，便开始吃王子的肉。

先走一步的哥哥迟迟不见弟弟回来，非常担忧，便回来找寻。他们一边找一边叫喊，最后走到雌虎旁边一看，可怜的弟弟已被吃了个精光，就剩一副带血的白骨散落一旁。这位小王子死后成了释迦牟尼佛，这就是佛陀舍身饲虎的故事。

南怀瑾先生通过这个故事告诉人们，布施的关键并非金钱，而是源自慈悲之心。在西藏有一个怪现象：人们工作七八天，赚一点钱之后便不做了，假如赚一千元，八百元用来供养庙里的和尚，其余二百元，一家人带着帐篷上山郊游，唱歌、跳舞、尽情地玩乐。等钱花完了，再继续回来做工。有人好奇地问他们："为什么这么做？为什么不攒钱，不存银行？"他们回答说："这和你们将钱存到银行的道理是相同的。供养庙里的和尚，积下善果，便得福报。有了福报，就有了所有的幸福，攒钱干什么呢？"这就是一种布施心、慈悲心，因布施而得了福报，就可以快乐无忧地生活。

除去贪婪心，获得真布施

佛教主张的悲悯众生、广为布施，不应区分你我，不应以贪婪之心谋名利。俗话说："钱财生不带来，死不带去。"贪恋钱财名利的人，执迷于物相，沉溺于物欲，即便有布施的行为，也是虚伪的。

世上有一个最贫穷的乞妇，她不仅穷苦，而且极为贪婪，永远没有满足的时候。有一天，她去佛陀跟前索求东西，佛陀问道："你想要什么？"乞妇说："我要食物。"佛陀说："好的，但是你必须先说'不要'，我给你东西的时候，你要先拒绝。"佛陀把食物给她，但乞妇发现说"不要"非常困难，这时候她才发现，自己一生从没说过"不要"，无论别人给她什么东西，她都会"要"，而"不要"这两字对她来说非常陌生。最后她终于费力地说了"不要"，于是佛陀把食物给她。从此以后她才明白，原来自己心中充满了无穷的欲望，一心想要抓住、占有、得到，永远都不满足，因而感觉自己永远都是最穷困的。

布施是抵制贪婪的利器，与贪婪格格不入。南怀瑾先生常说，人要先自我修行，去掉贪婪之心，自度好了，才能去度人。如果私心太重，贪婪太甚，就不可能有布施之心，更不会花费金钱、时间、感情、知识、道义、精神这些东西去帮助其他人。因此，去除贪婪心，正确看待钱财，取舍有道，才能做到真正的布施。

·8·
谈清净：心清则路广

无妄想、烦恼，无杂念，进入清净无念境界，心里达净土境界，你会发现，前路很宽广。

——南怀瑾

印光祖师开示："有唯心净土，方生西方净土。若自心不净，何能即得往生。"南怀瑾先生认为，世间的烦乱都只因心不清净，人们学佛，整日念佛读经，终究是为了去除心底的魔性，由念佛而净心，感生西方之净土。若净心，便会参透世间法，也就活得轻松愉快，不再煎熬辛苦。

认清自己，才是清净

南怀瑾先生说，古往今来，许多留下贤名的人都是心净之人。介之推当年割肉帮助重耳，待重耳继位后犒赏诸臣，别人都急着表彰功劳，而介之推却远远避开，不愿意领受奖赏。在他看来，只是抱着心净的态度，做自己应该做的事，不邀功也不留名。庄子河边钓鱼，被人邀请做官，而他情愿归于山林江河，因为他怀有赤子之心，看淡功名利禄，愿意享受更为自由的生活。

电视剧《围城》热播后，钱钟书的著作被争先恐后地推向市场。面对这种火爆场景，钱钟书始终保持静默。对所谓的“钱学”热，他认为“吹捧多于研究”，“由于吹捧，人物可成厌物”。有人用钱策动他接受采访，他却说：“我姓了一辈子钱，难道还迷信钱吗？”这就是钱钟书，一个灵魂深处都闪动着心净的人，不求钱，不求名，淡泊地生活，平静地写作，心怀一抔净土，宠辱不惊。

这些贤者名人都能够认清自己真正的需求，因而能做到一生清净，不为俗世的名利纷扰所动。南怀瑾先生认为，世上有一件很难的事情，就是认清自己。因为真心如同蒙尘的镜子，不能照出本来的形象，妄求之心便做了主人。因而，佛法要求人认清自己，把握真心，不随外物散乱，不受到外界诱惑，这样就不会活得辛苦。

清净充实，得海阔天空

佛学所说的清净，没有一点渣滓，没有一点瑕疵，是绝对清净庄严之行。这种心灵上绝对的静，被称为“梵行”。静态是生命功能的一种状态，老子曾说：“万物芸芸，各归其根。归根曰静，静曰复命。”意思是说，根是万物生命的来源，回归根才是静，能静才回归生命。比如有一杯水，胡乱搅动的时候，看不清楚里面有什么，等平静下来就能看透了。

很多人学佛并不净心，因而不得佛法充实。一个教徒跪在佛前祷告，但心中却想着晚间吃什么喝什么，明天降温了穿什么衣服。他的心里无法安静片刻，念佛也草草了事。他每天这样求佛，过了很久，实在不耐烦，便问佛陀：“为什么我求佛这么长时间，还是有很多烦恼和疾病？佛陀不是有大慈悲之心吗？我每天都念佛，花了很多时间和精力，佛陀怎么不怜悯我呢？”佛陀说道：“你虽然每天都念佛了，但是坐在那里，心里一会宁静，一会烦恼，被各种各样的俗事充满了，善根进不到心里去，禅机也无法领悟透彻，因此付出时间和精力也都白费了。”

从这个故事可以看出，清净之心的功用就好比人得了感冒，找医生开药，但休息和心理康复治疗更为重要，有时候药物只是一种辅助。清净涵盖了很多无穷的力量，表面上看心里完全清空了，但实际上被更重要的东西充实了。

南怀瑾先生认为，人常常忘了清净，总是用烦恼和欲望去消耗自己。这就好像全世界的人类都拼命消耗能源，能源消耗完了，人类也就灭亡了。一切超凡的智能，如果不是在清净中，是发挥不出来的。生命的真正能源来自清净，身心彻底宁静下来，身体保持绝对健康，才能达到更高层次的境界。

所以当人处理复杂困难的事情时，一定要先清净己心，什么都不想，反而能让智慧充实自己。老子告诉我们道家的修养方法有八个字：“专气致柔，能婴儿乎。”把身体的活动功能静下来，完全恢复到婴儿的状态，脑筋就处于最清楚的、最快乐的状态。

保持一颗静态之心，心清净，身体自会健康，思想自会旷达，路途自会宽广，世界自会明亮。

Part 8

心生种种法生，心灭种种法灭

——南怀瑾讲《定慧初修》

《定慧初修》是南怀瑾先生所做的佛学研究，佛教学说的三大组成部分是“戒”、“定”和“慧”，分别指戒律、禅定和智慧，以息虑静缘的方式来防止人作恶，断除一切烦恼。《定慧初修》以深入浅出的语言阐释了“戒、定、慧”的真义，并对般若正规、禅观、观音法门、净土法门等做了通俗讲解，开启人心智慧。

·1·

谈度己：释放内心才是真正的解脱

不要以有所得之心，求无所得之果。

——南怀瑾

《心经》中观自在菩萨关于“度人、度己”有一个般若波罗密多的无上大咒：“故说般若波罗密多咒，即说咒曰，揭谛揭谛，波罗揭谛，波罗僧揭谛，菩提萨婆诃。”

南怀瑾先生在《定慧初修》一文中用大白话解释了这个咒语：“揭谛揭谛，波罗揭谛”即是菩萨劝诫大家“自度，自度，快快自度”，“波罗僧揭谛”即是“大家快快自度，并度大家”。南怀瑾先生读经讲法，认为菩萨传世人这个法，就是让人们自我承担，不要再自欺欺人。人贵在自立，先自助，才能得天助。唯有自度，才是正法。南怀瑾先生讲法道：“光死皮赖活，向佛、菩萨求这求那，终究不是办法。各人生死各人了，自己业障自己消。任何法门修到最后，都要依般若波罗密多，才能悟入自性如来大光明藏。”所以，佛祖领进门，修行在个人。想要度人，度天下苍生，先要度己；想要度己，则要释放心灵，才能得到真正的解脱。

释放内心，佛在心间

南怀瑾先生在《定慧初修》中提到，般若正观修行之路是洒脱的，是直截了当的。他劝诫自己寒假禅修班的学生，让大家把手头的密法、净土等各种修法都暂时放在一旁，专注于内心的释放。因为自度并非形式上的故作姿态，只有从心入手，才能顺理成章，水到渠成，做到心中有佛，进入“度一切苦厄，观自在菩萨心”。

有一个小故事，讲的是兄弟二人皆立志要远游修道，奈何双亲年迈体弱，弟妹年幼，哥哥家中还有娇妻弱子，所以一直没能成行。一日。一位高僧路过，兄弟俩都想拜高僧为师，并跟他诉说家中种种难处。高僧双手合十，低声喃喃道：“舍得舍得，没有舍就不会有得。你们的悟性都不够，我十年以后再来。”哥哥听了高僧的一席话，手持经书绝尘而去。而弟弟念及家中亲人，心中不忍，终不能舍弃。十年光阴转瞬而逝，哥哥游历山川归来，道骨仙风，口诵佛经。弟弟则容颜衰老，神情呆滞，两鬓斑白。高僧如期而至，询问二人十年光阴有何收获。哥哥说：“我寻遍寺庙道观，游遍大好河川，诵读经书万卷，心中已有顿悟。”弟弟说：“我扶持弟妹成家立业，照顾病嫂康复，送走老父老母。但我已经劳累体弱，无暇诵读经书，恐怕已与佛祖无缘。”高僧听罢一笑，收下弟弟为徒。哥哥心中大惑，在他的一再追问下，高僧回答道：“佛在心中，不在名山大川。心中有善，胜过读万卷真经。父母尚且不爱，又谈何普度苍生？”

这则小故事与南怀瑾先生关于佛的观点不谋而合，他说，佛并不像山间明月那样遥不可及，他就在我们每一个人的身边，在普通的日子里，在琐碎的生活中。

现实生活中，能有慧根明白这一点的人并不多，很多人偏偏要绞尽脑汁去寻佛。他们寻访名寺古刹，踏遍幽谷密林，仿佛唯有这些地方才能沾染佛性。其实，度己就是修心，修炼自己的内心并不一定要遁世，提升灵魂的质量也不一定非要与青灯古钟为伴，只要内心开怀，心怀明月，佛自在心中。

放下，就是解脱

度己，追求的是一种解脱。现实生活如此浮躁，世人如果随波逐流，只去追求物质上的享受，就要面对无穷无尽的生活和精神上的压力。要想度己，就要达到一个轻松自在的思想境界，懂得凡事随遇而安，不必苛求。求佛度己不要有功利心，就像南怀瑾先生在《定慧初修》中所言："以无所求之心，一心一意，虔诚恭敬；敬重佛，敬重僧，自己才能得益。"

相传释迦摩尼佛在世时，一位名为黑指的婆罗门来到了他面前，手拿两个花瓶，前来献给佛陀。佛陀大声对黑指婆罗门说道："放下！"于是婆罗门放下了左手拿的那个花瓶。佛陀又大声说："放下！"婆罗门把右手拿着的那个花瓶也放在了地上。然而佛陀仍接着说："放下！"婆罗门心生困惑，只能回答说："我已两手空空，再没有什么可以放下了，您为何还要我放下呢？"佛陀摇摇头道："我并不是让你放下花瓶，而是放下六根、六尘和六识。只有把这一切都放下，你才能从生死轮回中解脱出来。"

在现代社会，人们应该放下浮躁，多些安静的思考，少些追名逐利的功利之心，多给自己的心灵一些空间。看看天上的流云，听听耳畔的清风，让心充盈诗意的宁静，佛性自然就会在我们心间，我们也会在度己的漫漫长路上走得更远、更平和。

笛卡尔曾说过：“我思，故我在。”只要用心去感受这个婆娑世界，抛开心中的欲望、嗔痴和贪婪，多一些纯净，多一些慈善，佛就会像一轮明月，在你心中照映。

·2·
谈修心：几人能做到一心不乱

只有真正达到一心不乱的境界，不断进步，才能获得最高的成就。

——南怀瑾

我们都知道，念佛讲求心无杂念，也就是要做到一心不乱，这是最起码的，也是最基本的。可是古往今来，又有多少人能真正做到一心不乱呢？假如真可以做到一心不乱，死后去西方极乐世界也是没问题的，就算不能去，想在今生今修成正果也并非难事。

南怀瑾先生在《定慧初修》中讲道：世上几人能做到一心不乱？一心不乱不仅是念佛法门的基本目的，还是一切修行方法的初步目标。即便你想修习外道功夫，也是一样的。什么是外道？它并不是骂人的话，也不是排斥佛教之外的其他宗教。依照佛经所讲的，一切不识本心、心外求法的都是外道。原因在于，天下任何事情都是依心而做，不管念佛也好，参禅也罢，都在于心。

一心不乱方可聚精会神

南怀瑾先生认为，世间所有的事情都如道家练气，要想获得些许成就，就必须做到一心不乱。世间的各种学问技艺也一样，讲求聚精会神，心无旁骛，否则便很难有所成就。由此可见，一心不乱是多么重要。

一位老太太在家中诵经念佛，嘴里阿弥陀佛、阿弥陀佛念个不停。可是儿子在一旁看电视，她感觉烦躁，便斥责儿子，但屋外有孩童玩耍嬉闹，她也觉得心烦意乱。老太太一心求佛，因此非常烦恼，想要去安静的寺庙里念佛。她去寺庙中询问老禅师，是否可以住进庙里念佛，老禅师回答她，施主若一心不乱，在哪里念佛都是一样的。佛家一切皆空，红尘也好，喧嚣也好，万事万物皆虚无，关键要看你的心。老太太顿时领悟这个道理，回家后专心念佛，尽力做到一心不乱，不被其他事情干扰，果然可以做到聚精会神，渐渐地平心静气，即便旁边人说话嬉闹，她也不受干扰影响。

南怀瑾先生认为，“心”有时代表圆满无缺的真知，一心包括所有法界，一念涵盖整个宇宙。所以，真正的一心不乱不仅是心情平静，更是一心法界。正如佛家常说的：“心即是佛，佛即是心。”《华严经》也说：“心、佛、众生，三者没有差别。”领悟了这样的深刻含义，就能排除干扰，专心一意，做到真正的一心不乱。

一心不乱是一种执着的专注，无论做什么事情，只有专心投入，才能不受诱惑干扰，将全部时间和精力投入其中，专心致志，聚精会神，这样才能不断取得进步，也就容易在某一领域获得成功。

万事不动，唯有心动

佛教的理念在许多方面讲究定力，认为红尘万事皆空，万物皆不动，唯有人心可动。因而对普通人来说，一心不乱不仅是专注做事，而且是一种超凡的境界。南怀瑾先生认为，如果真正达到了一心不乱的境界，不断进步，那么当人取得最高成就时，便能成佛了。

佛经上所说的“心”，通常代表人们散乱的感情思想，“心动”就包括一切胡思乱想，在禅机中也可称作“妄心”或者“妄念”。这种虚妄不真实的东西是非常困扰人的，使众生永远生活在烦恼痛苦当中，无法获得解脱。因此，南怀瑾先生认为，心动有时候是一种“心乱”，当心不乱时，万事万物就会井井有条，不会繁乱无章。

有一天，佛教禅宗六祖惠能走到一座小寺庙，见两个和尚正在讨论院子中的幡旗，争得面红耳赤。一个和尚说，因为风动，所以幡动。另一个和尚反对他说，因为幡动，所以风动。惠能听见两人争论，就平静地说道：“不是风动，不是幡动，是你们心动。”

这是禅宗关于心动的一个故事，深刻说明了世间万事纷扰，皆由心动开始。

清代乾隆皇帝虽是盛世的九五至尊，但他身体很好，一生长寿，他二十五岁登基，当了六十年皇帝和四年太上皇。他治理天下管理国家的秘诀就是：“事繁心不乱，食少病无侵。”作为皇帝，他的烦恼事一定比普通人更多更繁，但他却能保持一种“心不乱”的境界，就是因为明白了一心不乱方可成就大事的道理。

在现代社会中，人们整日忙于生活和工作，做到一心不乱并非是一件容易的事情。但是即便如此，我们做任何事情，在任何情况之下，也要精神完全统一，注意力绝对集中。只有这样，我们才能真正做好事情，为自己的事业打下坚固的基础。

·3·

谈定心：物无净秽，心有净秽

心净则国土净，心平则天下平。

——南怀瑾

《心经》中观自在菩萨行深般若波罗密多时，告诫舍利子：“照见五蕴皆空，度一切苦厄。色不异空，空不异色，色即是空，空即是色，受想行识亦复如是。”

南怀瑾先生在《定慧初修》一卷中用通俗的白话解释道：“不管什么禅宗或般若心宗，只来一照。由观至照，当下办到。心中念头一空，五蕴一空，便到家了。”南怀瑾先生其实就是在告诉大家“五蕴一空，依性起修”的道理，既然我心已定，那么哪里还存在什么净秽呢？南怀瑾先生接着说“是诸法空相”。他讲法道：“假使五蕴真解脱了，一切法皆空，有为法、无为法皆空，一切现象皆空，空性般若现前，无比解脱，无上解脱。”心不定，五蕴就不去，五蕴不去，什么烦恼忧愁就都来了，一个个登门拜年似的抢着来作揖，甩也甩不掉，斥也斥不走，索性关上门不见罢，结果发现连门也关不上。其实哪里有那么多的净秽？所谓净秽不二，两者皆属因缘。物无净秽，而是心有净秽，心若不净，则秽就不去，倘若自己的心定了，五蕴皆空，那么所有的忧虑愁患就都没有了。

心境无界，心无净秽

南怀瑾先生在《定慧初修》中说道，般若观照为的是解脱五阴烦恼，但同时也说，必须先了解何时是照，何时是观。当学生打坐不观心，连一个念头都观不下去的时候，南怀瑾就说：“你观清楚了，它本性是空的嘛！念头是想，想不异空。只这么一观照，不空了吗！”他解释空的本性是不生不灭的，所以不要惧怕烦恼干扰，劝诫自己的学生要“想不异空，空不异想”，真正悟出空的内涵，放空自己的心境，心境若无界了，那么心灵就变得清澈了，心灵一旦清澈，自然去了五蕴，那么还怕心中的净秽不走吗？

一位名叫道树的禅师把寺院建造在道观旁，道士们心里有些不满，总想将寺院里的和尚全部赶走。于是，这些道士就整天施法唤出一些魑魅魍魉来惊扰寺院里的众僧，昨日呼风唤雨，今日雷电交加，明日又风驰电掣，希望吓走这群和尚。果然有很多年轻的沙弥经受不住道士们的威胁走了，唯独道树禅师在这里一落便是十几年。道士们能使出的法术都使尽了，而道树禅师依旧吃斋念佛，无动于衷，最后道士们无奈，只好把道观搬到了其他的地方。别人困惑地问道树禅师："您是如何胜过那些法术高强的道士们的呢？""我没有什么可以胜过他们的。"禅师答，"要说有的话，我仅有一个'无'字可以胜过他们。""区区一个'无'字怎能胜过他们厉害的法术呢？"那人不解。禅师答："道士们'有'法术，'有'即意味着有限、有边、有量、有尽；而我却'无'法术，'无'也可以说是无限、无边、无量、无尽。'无'和'有'的关系就是以不变应万变。因而，我'无变'当然会胜过'有变'了。"

这则小故事的寓意和南怀瑾先生关于"空"的观点是一致的。他说"不生不灭，不垢不净，不增不减"，摆脱了五蕴，放空了心境，既然达到了心境皆无的境界，那么心中的净秽就都随波而去了。

心定，心净

定心，则净心。婆娑世界，鸟兽虫鱼无一不鸣，是争鸣，也是争名。今日思这功名，明朝求那利禄，整日拼命奔波，马不停蹄地向前跑，你推我搡，唯恐慢了步子掉了队，使旁人捷足先登，自己一无所获，如此，心神不宁，夜不能寐，终究随波逐流。而另一些人，同样寻求上进，同样拼搏朝夕，为了明天挥泪洒汗，却日夜心安，精神饱满，终究水到渠成。两者不同的是，一个争假名，一个争真鸣。争假名者心不净，争真鸣者心自定。

南怀瑾先生在《定慧初修》中有言：“佛法讲修持，百千三昧的定境不同。有一种定境是，虽日理万机，分秒都没有休息，但是他的心境永远在定，同外界一点都不相干。心，要想它能定住，是非常困难的。像年纪大一点的人睡不着，因为心不能定。年纪越大思想越复杂，因此影响了脑神经，不能休息下来。”

生活在当下，我们凡事应该懂得随心，同样的事情，换一种心态，说不定就功到自然成。若被花花世界的浮华表象迷了心窍，难免惶惶不可终日，落得身心疲惫的下场。

心若定了，那么花草就芬芳了，鸟语就清脆了，路途就明晰了，心魔自去，佛光自耀，微风掠颊，海阔天空，苍云正好。

·4·
谈体悟：有心体悟便处处是禅

真正的修行不只在山上，也不只在庙里，更在社会中。要在修行中生活，在生活中修行。

——南怀瑾

《华严经》中有四法界，即事法界、理法界、理事无碍法界、事事无碍法界。对于这四法界，南怀瑾先生在《定慧初修》中这样理解：譬如我们日常行住坐卧都是一件一件的事，每件事都有它在哲学上和科学上的道理。但是我们每个人都晓得上厕所、穿衣服、吃饭，事事无碍，样样平常，根本不用管所谓的道理。

因此，理的极致就是事，理事双亡，能所不立，才得证成佛。南怀瑾先生说，这样便是参禅。四法界不但表现了宇宙间万事万物之间的联系，也表现了人们认识世界的四种精神境界。佛说："如心佛亦尔，如佛众生然，心佛及众生，是三无差别。"婆娑世界，一花一草皆有灵，一石一木皆是佛，并非打坐才是修行，念经才是参禅，生活中处处可为修行，无邪万物皆可参禅，用心观察世界，用心体悟众生，通彻了慧根，禅便无处不在。

体悟要心悟

南怀瑾先生在《定慧初修》中言及，观照起心动念，照管每个思想的起没，不是用眼睛去看，而是用心去察觉。他对禅堂的学生们诫勉道："你们只晓得打坐，内心没去观察自己的心念，没有观心，等于呆坐。光坐在那里昏昏沉沉，懵懵懂懂，与睡眠何异？不对的，这样不是修道，必须观察自己起心动念。"

有这样一个故事：北宋诗人黄庭坚跟着禅师学禅，虽然他很有才学，但是跟着禅师学了三年还是没有悟出禅道。有一天他问禅师："有什么方便的途径，可以让我一下就悟道呢？"禅师说道："《论语》中说，二三子，以我为隐乎？吾无隐乎尔。意思是说你们这几个学生，认为老师隐瞒了知识吗？其实老师并没有隐瞒什么，早就把一切都传授给你们了。”

黄庭坚仍然不理解，禅师就带着他进山，此时秋天桂花开放，香气怡人，禅师转身问他：“你闻到花香了吗？”黄庭坚回答：“我闻到了。”禅师说：“能闻到花香，就能在此刻闻到佛性，因为佛性就存在于花香当中，存在于这条山间小路中，存在于阳光和树木当中，也存在于你的心中。禅道的钥匙和线索都在这里头，这就是悟道的方法，我没有隐瞒什么，早就告诉过你了。”经禅师点破，黄庭坚当时就顿悟了。

如何体悟，如何参禅，南怀瑾先生告诉我们，抛开眼中所见，抛开世人的成见，将所有观念统统放下，在最平静的状态中，用最自然的本心去体会，用五官情感去参悟。禅机就在身边，就在万物当中，就在人心之中。

参禅需用心，悟道亦要用心。打坐没有用心，则与呆坐无异，行走在世间若只依赖于自己的所视所闻，那么看到的仅仅是万物生硬的表象。与其遗憾与佛无缘，感叹天下菩提咸拒我，不如沉淀内心，闭目安于崖头，呷一口清茶，任清风通透己身，感苍生万物之籁，心既朗，普天之下皆是禅。

静心，佛无处不在

人们整日忙忙碌碌，却时常没有方向，没有目标，不知为什么要辛苦一生。社会喧嚣烦乱，人们浮躁不安，脸上表情愁苦，心中伤痕累累。日不能安，夜不能寐，气不能平，心不能净，观路途如蜀道之曲，叹天下万物唯人难当，哀佛在何方。

南怀瑾先生在《定慧初修》中说道：“凡夫跟佛很近，一张纸都不隔的，只要自己的心性见到了、清楚了，此心就无比地清净。”灯火璀璨终阑珊，火树银花与我有何干？郭德纲有句话：不求富与贵，唯愿海天长。无穷福禄，哪个死后又还阳？婆娑世界，若怀有万事万物与我如浮云的心境，则万事万物皆属我。把节奏稍微放慢一点，多留心看看道旁的花花草草，心静了，思绪就清澈了，便不难察觉原来海棠如此艳，雏菊如此娇，穹顶如此明朗，仿佛普天万物都在一刹那间变得有灵性了，如是，不就悟出了佛了吗？

正如南怀瑾先生所言：“其实，我们现在看马路上，车如流水马如龙，那个就是般若，你看到了、了解了，当下悟道，也就是青青翠竹，悉是法身，到处都是这个不生不死的法身……他说在看花中就能悟道了，在风景中也能悟道，能成佛，这些就是禅宗的公案。”

·5·
谈开悟：有疑才能起悟

学问最难是平淡，安于平淡的人，什么事业都可以做。

——南怀瑾

南怀瑾先生在《定慧初修》中这样告诫学佛的人：“你们光晓得敲个木鱼，不去参究，那有什么用？念经要一边念一边参究才是功德无量，否则你念经与念石头没有两样。”他还有言：“看佛经应该像看剧本一样地看，才能进入经典的实况，才会有心得。我说把佛经当剧本看，不是不恭敬，你不进入这个情况，经典是经典，你是你，没有用。”

求知需要思考，需要参究。对所求的学问要有存疑之心，在日常生活中主动去寻觅答案，思考勤勉了，疑问自然就明了了，甚至举一反三，所以可说惑解则悟起。正如人们通过思考蝙蝠如何在夜幕中狩猎，海豚如何在茫茫碧海中遨游，从而发明了声呐一样，只要惯于勤学善思，能淡下心来仰望星辰，则慧根自开，定有所悟。

有疑方起悟

南怀瑾先生讲法道：“中国佛法中的禅宗要你起疑情，有疑才有悟，何况一切众生本来就在怀疑中。没有成佛以前处处是问题，生从哪里来？死向何处去？佛法说有前生，你见过？死后灵魂究竟存不存在？谁能证实？这些都是问题。”

有一个故事讲元朝的一个读书人去拜见天目山的高僧中峰和尚。读书人疑惑地问道：“佛家讲善恶的报应，说作恶定有苦报，行善定有好报，绝不会不报。但是，我却看到有个人是行善的，可是他的子孙反而不兴旺，而有一个作恶的人家业反倒昌盛得很。如此观之，佛说的因果报应岂不是无凭无据了吗？”

中峰和尚答道：“平常人的灵心没有洗除干净，法眼未开，所以被世俗的见闻蒙蔽，把真恶行观成是善，把真善行观成是恶，这是很正常的事。并非是天的报应误了，而是人们自己把善恶看颠倒了啊！”

读书人依旧困惑："恶是恶，善是善，这样明了的善恶怎么会混淆呢？"中峰和尚说："那你认为哪些是善，哪些是恶呢？"读书人听后自信地说："我认为骂人、打人是恶，贪财、乱要钱也是恶；为人恭敬、礼貌待人是善，守正道、不贪财也是善。"说罢读书人又向高僧列举了许多自认为是善和恶的例子。中峰和尚听后微笑着摇了摇头。读书人便忙向中峰和尚请教究竟什么才是真正的善和恶。

中峰和尚说："做只对自己有益的事情就是恶，做对别人有益的事情才是善。一个人做事，即使是打人、骂人，如果是为了使别人得到益处，这就是善事；而若一个人虽然礼貌待人、恭敬相人，内心目的却完全是为了自己的个人私利，那就是作恶。发自内心的善行才是真善，人前一面人后又是一面的是伪善；行善不求报答，不留痕迹，那么所为的善就是真，如果是有所居心地行善事，那便是假了。"读书人这才彻悟。

如果这个读书人没有这样的疑问，可能在善恶问题上永远处于一知半解的状态。普天之下，芸芸众生，我们在格物致知的途中难免会遇到各式各样的困惑，如果对其不加研究，死读书，读死书，就无法了解事物发展的内部规律，也就参究不到禅，自然流于表象。要对世间万物怀有一颗存疑的心，敢有质疑天下道理的勇气，而后诚其意，方能如饮醍醐，有所悟道。

识本心而开悟

平淡是禅宗的大智慧，正如南怀瑾先生在《定慧初修》中所言："生命，只在被欲望迷乱了的人心中，才一定要分出尊卑高下。不争，是人生至境。”世间走一遭，要能修持住内心，耐得住寂寞，收敛得住戾气，这样方能在浮躁世界中开辟出一块心灵栖息之地。

佛说：永断无明，方成佛道。南怀瑾先生解释说：“无明是佛学的名词……大无明就是一切的大疑问，学佛不从这里入手，一切都是空事，没有用。不识本心，学法无益，此是因地法门。”

周遭的外物，无非财富和名利，人们在世间苦苦追逐，为了一些虚无缥缈的东西挣来抢去，因为一些蝇头小事身心疲惫，实在是大谬。被外物牵绊住了心的自由，无论走到哪里，心都是烦躁不安的。要以一颗平淡的心，探学问，走世间，反省自己的内心，才能悟得到禅。

南怀瑾先生说：“有些修行做功夫的人到达了清净的境界，没有杂念妄想，但是，见解不透彻，认为清净才是道，认为不清净、不空则不是佛法。于是，自己把自己障碍住了，‘故于圆觉而不自在’，对于不垢不净的圆觉自性没有认识清楚，执著于空，执著于清净，不能自在，不能算是大彻大悟。”

要真正识得本心，做到不偏颇，不钻牛角尖，不苛求平淡之境，少一些庸俗浮华，多一些飘然雅致，心中有佛，万物皆佛，吾亦是佛，自灌顶开悟。

·6·

谈佛的本质：兼济天下苍生，心中不留一念

佛为心，道为骨，儒为表，大度看世界。技在手，能在身，思在脑，从容过生活。三千年读史，不外功名利禄；九万里悟道，终归诗酒田园。

——南怀瑾

关于尽无尽法门，南怀瑾先生在《定慧初修》中如是说：“‘尽’有头有尾，‘无尽’无始无终，无量无边。佛说什么是尽？有为法，一切有为法都有到底的时候。什么是无尽？无为法，无量无边无穷尽，亦无始处，亦无终处。”

我们念佛，为何要念佛？若说是为了摒弃世间浮华，修身养性，不错，但也不对。什么是空色？无形是空，有形是色。南怀瑾先生说过：“空里谈空，都是空话。”静身养德本就是有形之色，为修身而修身，为念佛而念佛，色里谈色，与空里谈空何异？还是心中的念想没有放空以致。正如《金刚经》上所言：“凡所有相，皆是虚妄。”但凡一切的相，都该将其作为是虚妄的，只要不刻意追逐，就能参到禅意。

有教无类，兼济天下

《孟子》有曰：“穷则独善其身，达则兼济天下。”佛说：“信佛，学佛，不是为自己，乃是为了一切苦海里的众生。”南怀瑾先生在《定慧初修》里谈到：“佛要教化一切众生，慈爱一切众生，对好的要慈悲，对坏的更要慈悲。”他认为，不仅要教化好人，更要教化坏人。因为地狱里的人比天堂里的人可怜，所以更要度，这才是佛法的精神所在，即要度一切众生。

有这样一则故事：得道高僧盘圭禅师认为不论多么顽劣的人都是可以教育好的，在他的感化下许多误入歧途的人都幡然悔悟，重获新生。

他的学生里有一个人喜好偷窃，盘圭禅师对他几次教诲，这个学生都置若罔闻，后来终于因行窃而被别人抓住。面对着找上门来的主人，禅师的其他学生羞愧难忍，纷纷请求禅师严厉惩罚那个学生，而盘圭禅师却仁慈宽厚地原谅了他。

但是事情过去没多久，那个学生竟然再次因为偷窃被抓。其他学生忍无可忍，考虑到寺院的名誉，他们一致决定要把那个偷窃成性的学生赶出寺院，便联名向禅师上书，说如果再不处罚这个人，他们就集体离开。

盘圭禅师看了大家的联名上书后，将所有学生都叫到跟前，和蔼地对大家说：“你们都是能够明辨是非的人，这让我感到很骄傲。虽然你们都是我的学生，但是如果你们认为我教得不对，想离开这里去其他的地方，这是没什么不可以的，可是我不能不管他。因为他和你们不一样，还不能够明辨是非，如果我不教他，那谁来教他呢？所以无论如何，纵使你们都离开了我，我也不能让他离开，他还需要我的教诲！”

众学生听罢，原先的不满都消散了，心中随之而来的是对禅师更深厚的尊敬之情。而那个偷东西的学生，此时已经被禅师感动得热泪盈眶。

佛说："我不入地狱，谁入地狱。"南怀瑾先生解释说："佛倡导教化一切众生，虽然地狱险恶，但是若无人愿下地狱，那么地狱中最应该教化的众生由谁来度呢？这个重任，就交给佛自己吧！"所谓"善恶是法，法非善恶"。成魔成佛只源于一念之间，从本性上说，其实每个人都是一样的。人之初，性本善，只是后天所处环境的不同，成长经历的差异导致了人们性情的好坏，度人无类，度苍生无类，这才是佛的境界。

心不留念，本自无为

南怀瑾先生在《定慧初修》中讲法道："真正的大法，无上佛法，就是无为法，说一句无为法已经落在有为了。说也错，不说也错；定也错，不定也错。本自无为。"南怀瑾先生认为，我们应该去掉妄念，不要过分执念于世间的善恶美丑、荣辱尊卑，怀着一颗没有杂尘的心灵，敞开心扉亲近自然，感怀众生，做一个简简单单的人，享受最淳朴的自在。

佛陀捧着一些落叶从树林里回来，笑着问比丘们："你们觉得我手中的树叶与森林里的树叶相比哪个要多一些呢？""当然是树林里的树叶多。"比丘们的回答非常一致。佛陀说："不错。这正如我脑海里虽然有许多想法，却并没有全部讲给你们听一样，因为你们需要的是能够被你们自己理解、能转变成你们自己思想的东西。如果我告诉你们的观念太多，反而会对你们的判断造成影响，从而没办法得到自己的智慧。"

南怀瑾先生说，佛教化一切众生，救度一切众生，用无私的慈悲救助世人，心中却不留一念。

婆娑世界，牵肠挂肚之事繁多，我们正因有太多的念想，才会心生各种各样的烦恼，其实只要变得单纯一点，就能驱散这些杂念。谦谦君子，卑以自牧。努力放空自己的心境，以虚怀若谷的胸襟去认真体会万事万物的召唤，心念去了，苍生茂盛，佛自在心中。

·7·

谈破障：嗔念，一剂穿肠的毒药

假如一个人可以时时刻刻抱有一颗宽容、豁达的心去看待世间的人与事，那么这个人在生活中就会少去许多烦恼，就可以时时拥有一颗宁静的心。

——南怀瑾

佛家有“贪嗔痴慢疑”五毒的说法，而嗔排名第二，是指生气，生闷气，生大气，内心责怪别人，口语埋怨人、事、物等等。在现实生活中，人们难免会遭遇一些不如意，或者与别人产生矛盾，于是便无法抑制情绪，引起生气。这就是佛教所说的“嗔心”。

难以克制的嗔念

南怀瑾先生认为，世上许多人都存在嗔念，只不过有些人没有意识到而已。脾气大、怨恨别人、怨天尤人都属于嗔，都是由嗔念而引发的行为。有时，人们突然之间没有任何理由地对一些事物感到厌恶，这也是嗔念的一种。嗔念好像一剂穿肠毒药，让人们难以克制。

从前，有一个婆罗门教徒谒见舍利弗尊者时说："尊者，我听说您发大心，行菩萨道，因此我特意来请您布施一只眼睛给我，因为我母亲生病了，必须要修行人的眼睛做药，才可以治疗。"舍利弗听后，毫不犹豫地挖下了自己的左眼给他。但是教徒却说："啊！我搞错了，医生说是要右眼。"于是舍利弗又挖出了自己的右眼给他。

舍利弗身为佛门子弟，只要众生脱离苦难，即便自己痛苦，也在所不惜，因此将自己的眼睛全挖了施舍出去。可那人拿了舍利弗的眼睛之后，不仅没道谢，反而闻了闻说："呦！这样腥臭的眼睛，怎能治好我母亲的病呢？"然后将两只眼睛扔到地上，用脚去踩。舍利弗气坏了，大发雷霆说："对这样的恶人，菩萨道是行不得的！"于是产生了嗔念，结果那教徒变成菩萨的模样，说道："你发了嗔心，失去了菩提心，难以修成正果。"

佛教《大日经》上讲："一念嗔恚火，能烧无量劫善根。"一团愤怒之火，就能烧尽所有善根，可见嗔念是多么地可怕。正因为嗔念是难以克制的，所以生活中保持宽容豁达的心十分重要，不要为一些烦乱的俗世困扰本心，发火生气不仅伤身体，更会破坏美好的心境和道德品格。

从前有一个老和尚，遇事总爱发脾气，因为佛法认为，有脾气就是"我"在，老和尚千方百计想去掉这个"我"，于是花钱雇了一个侍者，对他说："我发脾气的时候，你打我一个嘴巴，打一个嘴巴给一块大洋。”于是这个侍者整日在他面前吃吃喝喝，就等着他发脾气，可是老和尚却完全不发火。一日，一位友前来拜访，老和尚让侍者出去买菜，打算好好招待客人。侍者出去很长时间都没回来，老和尚等得有些恼火，打算等他回来后找他算账。客人聊了一会就起身告辞了，没有吃饭。又过了一会儿，侍者挎个菜筐，慢慢悠悠地走了进来。老和尚见此情景非常生气，说道：“你怎么才回来！”侍者抬手便打了他一个嘴巴子。老和尚更生气，侍者又打了他一个嘴巴子。

老和尚顿时明白过来，抱怨侍者耽误了他的事情，没招待好客人，这些都是围绕着“我”，不断计较“我”，脾气自然越来越大，侍者一个巴掌，这个“我”就消失了。

从这个故事中我们能明白，生气都是因为执着于“我”，当自己将“我”看得过重，总是计较“我”的事情和“我”的利益，别人触犯到这个“我”就非常容易生气。因此，想要去除嗔念，就应该放开“我”，忘记“我”，一切事情随缘随意，宽容待人，也就是宽容待己。

宽容是治疗嗔怒的一剂良方

南怀瑾先生在《定慧初修》中说，假如一个人可以时刻抱有一颗宽容、豁达的心去看待世间的人与事，那么这个人在生活中就会少许多烦恼，可以时时拥有一颗宁静的心。因为嗔念是一剂穿肠的毒药，它不仅伤害别人，更容易伤害自己。

嗔是一把双刃剑，剑锋指向何处，最终取决于我们自己。人与人之间的相处贵在了解和相互沟通，只有增进了解，明白每个人都有局限与弱点，宽容对待对方，就能化解嗔怒。所以，治疗嗔怒的良方就是宽容，一个人应该懂得欣赏别人的优点，能看出别人优点的人不容易犯嗔怒；相反，那些总是挑剔和强求别人的人，处处看不惯别人的行为，是最容易犯嗔怒的。

晚清名将曾国藩在没有考取功名之前曾在长沙读书。教室里，他的书桌摆在窗前，之后来了一个名叫展大宽的同学，由于来得晚，书桌只能安排在墙角。一天，他突然朝曾国藩大喊道：“亮光都是从窗户照进来的，你凭什么遮挡别人？”曾国藩听后，一声不响地将桌子挪开了。可是展大宽还是不满意，到了第二天，他趁曾国藩不在教室，偷偷将自己的书桌挪到窗前，将曾国藩的书桌推到了墙角。曾国藩回来之后一句话也没说，就这样始终在墙角的位置读书学习。

后来，曾国藩考取了举人，展大宽又前来挑衅滋事，气呼呼地说：“你读书的地方风水好，那原本是我的，但是却被你夺走了。”面对展大宽的无理取闹，曾国藩一直和颜悦色，没说一句话。他凭借隐忍和宽容之心，日后在官场打拼数十年，终成一代名臣，成就了一番事业。

有人总结，曾国藩一生地位显赫，就是因为他够“忍”，当官场失意时，他能忍忿；当同僚排挤时，他能忍气；当战事溃败时，他能忍辱；当名利无收时，他能忍欲；当功高震主时，他能忍嫉。这种“忍”其实就是宽容，贯穿了曾国藩的一生，遇事不嗔不怒，坚韧隐忍，最终成就了事业的辉煌。

所以，我们在遇到生气的事情时应该尽量保持心态平和，学会宽恕，发脾气是愚痴，不发脾气是智慧，更是一种涵养。